Waters · Tapfer ist mein Volk

Frank Waters

Tapfer ist mein Volk

Unsterbliche Indianerhäuptlinge

Aus dem Englischen von
Monika Curths

Diederichs

Die Originalausgabe erschien unter dem Titel *Brave Are My People* bei
Clear light Publishers in Santa Fe, New Mexico

© Frank Waters 1993

Für meinen Vater
Frank Jonathan Waters

Die Deutsche Bibliothek – CIP-Einheitsaufnahme
Waters, Frank:
Tapfer ist mein Volk: unsterbliche Indianerhäuptlinge / Frank Waters.
Aus dem Engl. von Monika Curths. – 2. Aufl. – München:
Diederichs, 1996
Einheitssacht.: Brave are my people <dt.>
ISBN 3-424-01251-3

Zweite Auflage 1996
© der deutschsprachigen Ausgabe Eugen Diederichs Verlag,
München 1996
Alle Rechte vorbehalten

Lektorat: Matthias Wolf
Umschlaggestaltung: Ute Dissmann, München
Produktion: Tillmann Roeder, München
Satz: Design-Typo-Print, Ismaning/München
Druck und Bindung: Huber, Dießen
Papier: holzfreies, chlorfrei gebleichtes Werkdruck, Schleipen
Printed in Germany

ISBN 3-424-01251-3

Inhalt

Vorwort
Vine Deloria, jr.   7

Vorbemerkung   9

Einführung   13

Deganawidah, der Friedenstifter   17

Powhatan   27

Massasoit und Metacomet   35

Pontiac   45

Thayendanegea oder Joseph Brant   55

Red Jacket   65

Tecumseh   69
Rede von Tecumseh vor Gouverneur Harrison   75

Black Hawk   81
Rede von Black Hawk bei seiner Kapitulation   86

Sequoyah   91
Bittschrift der Cherokee-Nation
an den Kongreß der Vereinigten Staaten   103

Osceola   105

Mangas Coloradas   115

Manuelito   129

Irataba   143

Die kriegerischen Reiter der Great Plains   155
White Antelope singt sein Todeslied   156
Satanta bläst sein Horn   163
Red Cloud gewinnt seinen Krieg   169
Crazy Horse am Rosebud   173
Die Schlacht am Little Big Horn   179
Der Skandal von Wounded Knee   184

Chief Joseph   191
Rede von Chief Joseph bei seiner Kapitulation   200

Chief Seattle   203
Rede von Chief Seattle   203

Literaturverzeichnis   207
Bildnachweis   210

Vorwort

Eine gute Biographie verringert den zeitlichen Abstand zwischen den großen historischen Taten, den handelnden Personen und uns, den Lesern. So werden für uns in der Gestalt eines Menschen die Stimmung und der Verlauf einer Epoche lebendig. Frank Waters, der Doyen unter den Autoren des amerikanischen Westens, kombiniert Lebensbeschreibungen und Historie, um ein lebendiges Bild der letzten fünfhundert Jahre zu entwerfen. Anhand von umfangreichem Quellenmaterial und mittels rekonstruierter Szenen und Gespräche porträtiert er tapfere indianische Führer, in denen sich die Ausbeutung und Beraubung der eingeborenen Völker der westlichen Hemisphäre manifestiert. Er verherrlicht diese Männer nicht, aber er erinnert an das Leid, die Isolation, die seelische Größe dieser Männer und nicht zuletzt an die Vergeblichkeit ihres Kampfes gegen Menschen, Maschinen und den Lauf der Zeit.

Bei der Lektüre dieser tragischen Schicksale stellt sich die Frage, ob die letzten fünfhundert Jahre auch anders hätten verlaufen können. Hätten europäische Zivilisation und Religion nicht auf menschlichere Weise in die Welt hinausgetragen werden können? Vergangenes zu bereuen kann eine Fülle lohnender Erkenntnisse mit sich bringen. Wahrscheinlicher ist jedoch, daß sich die Menschen auch weiterhin unterdrücken und mißhandeln, bis wir eines Tages vielleicht ein kosmisches Bewußtsein erlangen und unseren Platz im Universum erkennen. Wir werden tief in uns hineinhören müssen, wenn wir zu diesem Bewußtsein heranreifen wollen. Frank Waters und sein Buch weisen in die richtige Richtung.

Der Sinn für Würde, Anstand und Integrität ist uns abhanden gekommen; und es fehlen die Vorbilder, nach denen wir uns richten könnten. Diese indianischen Führer jedoch

– Tecumseh, Mangas Coloradas und wie sie alle heißen – besaßen Selbstwertgefühl und Sendungsbewußtsein, und sie fühlten sich in einem Maß mit den Lebenskräften des Kosmos verbunden, wie es uns seitdem nicht mehr begegnet ist. Gegen eine erdrückende Übermacht zu kämpfen im Wissen um die Aussichtslosigkeit der Situation und sich dennoch treu zu bleiben, war eine einmalige Leistung.

Frank Waters skizziert einen unerfüllbaren Traum unserer Existenz: Unsere persönliche Würde zu wahren und vor unausweichlichen Veränderungen, die uns jederzeit in sinnlose Katastrophen stürzen können, nicht zu kapitulieren. Wie mag jenen indianischen Führern ums Herz gewesen sein? Ohne den Tod zu scheuen, lebten sie ihr Leben bis zum bitteren Ende und verliehen ihm dadurch inmitten völlig sinnloser Entwicklungen einen Wert. Genauso müssen wir uns und unseren Prinzipien treu bleiben; nur dann werden wir zu einem Teil der Geschichte werden, statt daß die Geschichte über uns hinweggeht.

Frank hat sein bestes und ergreifendstes Buch an den Abschluß seines Schriftstellerlebens gestellt, und dafür sollten wir ihm danken. Was wir in seinen früheren Werken gelesen und was wir daraus gelernt haben, finden wir hier in diesen schlichten Porträts von Menschen wieder, die dem Schicksal ins Antlitz blickten und seine Absicht vereitelten. Ich würde mir nichts sehnlicher wünschen, als mit einer Waffe in der Hand in Franks Geschichten aufzutreten und neben diesen edlen Männern mein Leben zu lassen. Eine Sekunde an der Seite eines aufrechten Menschen ist mehr wert als ein ganzes Leben mit solchen Menschen, die es nicht wagen, für ihre Träume und Ideale einzutreten. Und natürlich finden wir neben dem Menschen Frank Waters, den wir alle schon so lange bewundern, in diesem Buch auch eine Bestätigung für seine Geistesverwandtschaft mit den Männern, die in den vergangenen fünfhundert Jahren amerikanische Geschichte schrieben. Danke, Frank.

Boulder, Colorado *Vine Deloria, jr.*

Vorbemerkung

Der Titel dieses Buches *Tapfer ist mein Volk* stammt aus einer Rede, die der große Krieger und Staatsmann der Shawnees, Häuptling Tecumseh, im Jahr 1800 vor den Osage gehalten hat. Sein Ausspruch könnte für alle Stämme gelten und auch für meinen Vater, Jonathan Waters, der zum Teil Cheyenne war. Er starb, als ich zwölf Jahre alt war. Er war ein einfacher, fürsorglicher Mann, etwa 1,80 m groß und schlank, hatte glattes schwarzes Haar, hohe Wangenknochen und dunkelbraune Haut.

Colorado Springs in Colorado, wo ich aufwuchs, war zu Anfang dieses Jahrhunderts ein beliebter Erholungsort, der Besucher aus dem ganzen Land anlockte. Am Cripple Creek, einem Fluß am Pike's Peak, war Gold gefunden worden. Das Städtchen wurde reich, und im vornehmen Stadtteil North End entstanden prächtige Villen.

Das Haus in der El Paso Street, das meine Eltern gemietet hatten und mit mir und meiner jüngeren Schwester Naomi bewohnten, lag im Osten der Stadt am Bahndamm der Santa Fe Railroad. Wir Kinder liebten die vorbeiratternden Züge, aber meine Mutter mußte ständig die Fenster mit feuchtem Zeitungspapier gegen den Ruß abdichten. Einen Block weiter stand das große, finstere Haus meines Großvaters mütterlicherseits, des Bauunternehmers Joseph Dozier.

Colorado Springs war keine Arbeiterstadt, deshalb war es nicht leicht für meinen Vater, eine Arbeit zu finden, mit der er uns ernähren konnte. Manchmal fuhr er mit dem Fahrrad herum und kassierte Prämien für die Lebensversicherungen, die er verkaufte. Einmal stand er sogar eine Woche lang, das Messer im Gürtel, hinter dem Ladentisch eines Kurzwarenhändlers und verkaufte Krawatten. Wenn mein Großvater einen Bauauftrag hatte, bediente er die Zementmischmaschine. Und als Großvater am Cripple Creek eine Mine angelegt hatte, arbeitete mein Vater häufig dort.

Vaters große Chance kam eines Sommers, als er nach Hon-Not-Klee, »Shallow Water«, gerufen wurde, einem abgelegenen Handelsposten im großen Navajo-Reservat in New Mexico. Bruce, der dortige Händler, war krank und brauchte Hilfe. Mein Vater nahm mich mit. Er lebte sich rasch bei den Navajo ein, lernte ein paar Brocken ihrer Sprache und durchschaute sehr schnell die Tricks, mit denen sie ihn hereinzulegen versuchten. Im Nu gewann er ihre Achtung und Freundschaft als »der große dunkle Mann von Shallow Water«. Aber es war kein Ort für meine Mutter, meine Schwester und mich.

In Colorado Springs mußte mein Vater dann wieder auf Arbeitssuche gehen. Jeder Dollar, den er nach Hause brachte, war ein Beweis seiner Liebe zu uns. Er war stolz auf uns, und wir waren stolz auf ihn.

Die Sonntage verbrachten wir immer gemeinsam. Wir fuhren mit der Straßenbahn nach Manitou Springs am Fuß des Pike's Peak und füllten an den zahlreichen Mineralquellen Krüge und Flaschen mit Wasser. Oder wir fuhren nach Statton Park am Cheyenne Mountain, wo es einen Kinderspielplatz gab, und machten anschließend ein Picknick in einem der Canyons. Manchmal besuchte Vater an arbeitsfreien Wochenenden seinen besten Freund, einen Cheyenne namens Indian Joe, der von Haus zu Haus zog und Gemüse verkaufte. Vater machte es großen Spaß, in seinem sauberen Anzug und mit blank geputzten Schuhen auf Joes klapprigem Karren zu sitzen, während der alte, in eine schmutzige Decke gehüllte Cheyenne seine Runde machte. Vater besuchte auch oft das Ute-Lager in der Nähe der Stadt. Die Ute waren in eine Reservation in den Bergen geschickt worden, aber jeden Sommer durfte eine Sippe in die alte Heimat zurückkehren. Ihre rauchgrauen Hütten standen auf dem Tafelland im Westen der Stadt. An manchen Abenden nahm Vater mich mit dorthin. Dann saß er im Kreis der Männer um das Feuer, schnitt sich mit dem Messer eine rosige Scheibe vom Braten ab, und aß sie mit den Fingern. Frauen und Kinder mußten warten, bis sie mit dem Essen an der Reihe waren. Immer häufiger wurde Vater nach Cripple Creek gerufen, um in der Sylvanitmine meines Großvaters zu arbeiten. Jedesmal kam er bleicher und erschöpfter zurück. Er war jemand, der die weiten sonnigen Ebenen und Prärien um sich brauchte, nicht aber die feuchte Dunkelheit eines Granitstollens in einem dreieinhalbtausend Meter hoch gelegenen Bergwerk am Pike's Peak. Eines Tages wurde er im Gepäckwagen der Cripple Creek-Kleinbahn auf einer Bahre nach Hause gebracht. Meine Mutter richtete ihm im Wohnzimmer ein Bett, und eine Krankenschwester aus der Nachbarschaft kam ins Haus, um ihn zu pflegen. Wenige Tage später starb er. Zeitlebens hatte er die unverständliche und schwierige Rolle, die ihm das Schicksal zugeteilt hatte, klaglos akzeptiert, ein Mann, der tapfer genug war, um auch gütig zu sein. Seinen Einfluß auf mich habe ich von Jahr zu Jahr mehr zu schätzen gelernt.

Ich möchte die Gelegenheit nutzen und mich bei allen bedanken, die zur Veröffentlichung dieses Buches beigetragen haben. Besondere Erwähnung verdient hier meine Frau Barbara Ann Waters, die, wie bei vielen meiner Bücher, nicht nur meine rechte Hand, sondern auch mein wandelndes Gedächtnis war. Marcia Keegan und Harmon Houghton von Clear Light Publishers gingen das Risiko ein, dieses alte Manuskript zu verlegen, das jahrelang in einer Schublade gelegen hatte. Ein alter Freund, Dennis Dutton, brachte es auf den neuesten Stand. Howard Bryan, ebenfalls ein langjähriger Freund, sowie Joe Sando aus Jemez Pueblo und Alfonso Ortiz aus San Juan Pueblo, alles Schriftstellerkollegen, lasen und korrigierten das Manuskript. Ihnen und zahllosen anderen, die an diesem Buch mitgewirkt haben, möchte ich herzlich danken.

Das schöne Vorwort von Vine Deloria, jr., hat mich tief gerührt. Seit der Veröffentlichung von *Custer Died for Your*

Sins: An Indian Manifesto im Jahr 1969 ist Vine die Stimme des indianischen Amerika. Kein anderer findet so viel Gehör. Ich schätze und bewundere ihn schon viele Jahre, und seine Meinung bedeutet mir sehr viel. Ich kann nur erwidern: Danke, Vine.

Taos, New Mexico   *Frank Waters*

Einführung

Dieses Buch gibt in mehreren kurzen Kapiteln Einblicke in das Leben einiger Indianer, die in der Zeit zwischen 1600 und 1900, also während der angloamerikanischen Expansion auf dem amerikanischen Kontinent, in die Geschichte eingegangen sind.

Chief Seattle war es, der für alle Stämme, die ihre Heimat verteidigt hatten und dabei besiegt worden waren, anläßlich seiner Rede vor dem Gouverneur des Territoriums von Washington, Isaac Stephens, das Epitaph sprach, worin er offiziell auf das Land seines Stammes verzichtete und die Einweisung in eine Reservation akzeptierte. Er hielt diese Rede im Jahr 1859, fast zwei Jahrzehnte bevor die kriegerischen Nez Percé ihr angestammtes Land in Oregon aufgaben, und mehr als drei Jahrzehnte vor dem Massaker bei Wounded Knee, das 1890 den bewaffneten Widerstand der Indianer gegen die ins Land strömenden Angloamerikaner beendete.

Chief Seattles Rede ist vielleicht die berühmteste, die ein Indianer vor Weißen gehalten hat. Ohne Trauer und Bitterkeit sprach er die Worte: »Stämme und Völker kommen und gehen wie die Wellen des Meeres. Es ist ein Gesetz der Natur. Darüber zu klagen ist sinnlos.« Zugleich warnte er die weißen Sieger: »Die Zeit eures Untergangs ist vielleicht fern, aber sie wird kommen; denn selbst der Weiße Mann … kann nicht von unser aller Schicksal ausgenommen bleiben.«

Aus dieser ruhig vorgetragenen Meinung spricht das »innere Wesen, das mit vergangenen Zeiten in Verbindung steht«, wie sich ein anderer berühmter Indianer, der Shawnee-Häuptling Tecumseh, ausdrückte.

In seiner Rede, die hier auf Seite 203 abgedruckt ist, erklärte Seattle sowohl den Indianern als auch den Weißen, daß sie am Beginn einer sich verändernden Welt ständen.

Das Jahr 1992 erinnerte an Kolumbus' erste Berührung mit dem amerikanischen Kontinent und seinen Bewohnern, die er irrtümlich als »Inder« bezeichnet hatte. Alle Medien, aber auch die Sprecher von Regierungen und Konzernen hoben stolz hervor, daß sich die Vereinigten Staaten zur reichsten, prosperierendsten und mächtigsten Nation in der Geschichte der Welt entwickelt hätten.

Niemand weiß, wieviele Indianer 1492 in Nordamerika lebten. Die Schätzungen bewegen sich zwischen eineinhalb und fünf Millionen. Die permanenten Kriege während der angloamerikanischen Expansion, die Vertreibung in Reservationen, von den Weißen eingeschleppte Krankheiten, Verarmung und Alkoholismus dezimierten die indianische Bevölkerung. 1910 gab es nur noch 220.000 Indianer.

Viele hatten geglaubt, daß der »aussterbende Rote Mann« mitsamt seinen Traditionen und seiner Kultur völlig verschwinden würde. Statt dessen hat sich die indianische Bevölkerung bis zum Jahr 1990 auf zwei Millionen vermehrt. Trotzdem leiden diese Menschen noch immer unter Vorurteilen und Ungerechtigkeit. Sie sind die ärmste Bevölkerungsschicht im Land. Ihre Gesundheit, ihre Ausbildung und ihre Lebensbedingungen liegen weit unter dem Durchschnitt. Die Zahl der vorzeitigen Schulabgänger ist bei den Indianern dreimal so hoch wie bei den Weißen. Das durchschnittliche Lebensalter der in den Reservaten lebenden Indianer beträgt einundzwanzig, die durchschnittliche Lebenserwartung vierunddreißig Jahre.

Doch genug der Statistik. Entscheidend ist das unglaubliche Comeback, das die Indianer gegen die größtmöglichen Widerstände geschafft haben. Durch ihre Liebe zum Land, durch ihr Gefühl, mit allen anderen Formen des Lebens eine Einheit zu bilden, wurden sie zu einem wesentlichen Teil der amerikanischen Nation.

Dies ist der Platz, den die Indianer in unserer sich verändernden Welt einnehmen. Und was haben im Gegensatz dazu die weißen Eroberer vollbracht als Hüter dieses riesigen wunderschönen Landes, das sie errangen?

Die Landschaften Nordamerikas waren einst von einer wundervollen Vielfalt mit schneebedeckten Gebirgen, grünen Prärien, endlosen Kurzgrassteppen, braunen sonnenverbrannten Dornstrauchsavannen, Wüsten und moderig riechenden Dschungeln. Und überall wimmelte es von Leben, angefangen von kleinsten Pflanzengebilden bis zu ausgedehnten Wäldern, und dazu zahllose Tierarten, darunter riesige Büffelherden, die wie schwarze Wolken über die Ebenen donnerten. Für die Indianer waren diese Lebewesen alle Kinder ihrer gemeinsamen Mutter Erde, und alle hatten das gleiche Recht zu leben. Die Tiere gaben den Menschen, was sie zum Leben brauchten, aber nie wurden sie mutwillig getötet; immer baten die Indianer rituell um die Einwilligung der Tiere, wenn eines oder mehrere von ihnen geopfert werden mußten. Auch das Land war ihnen heilig und durfte nicht entweiht werden, denn es war ihrer aller Mutter. Die Indianer sahen sich zusammen mit dem Land und allen Formen des Lebens als ein Teil eines einzigen lebenden Ganzen.

Die christlichen Neuankömmlinge dagegen hatten eine völlig andere Sicht der Welt. Möglicherweise ist sie auf das erste Kapitel des 1. Buchs Moses in der jüdisch-christlichen Bibel zurückzuführen, wo Gott den Menschen befiehlt, sich die Erde »untertan« zu machen. Genau das taten die weißen Eroberer auf ihrem Zug nach Westen: Sie rodeten die Wälder, pflügten das Grasland, stauten die Flüsse und nahmen ihnen das Wasser; sie höhlten Berge aus auf der Suche nach Gold und Silber, unterteilten das Land und verkauften es. Dabei wurde auch die Tierwelt zerstört. Viele Tierarten starben durch Profitgier und die pure Lust am Töten.

Das Resultat dieses Raubens und Plünderns zeigt sich bereits überdeutlich: verwüstetes Land, vergiftete Gewässer und ein solches Maß an Luftverschmutzung, daß in allen Großstädten immer wieder Smogalarm gegeben werden muß. Mittlerweile droht ein weiteres Problem die Lebensqualität der weißen Amerikaner zu beeinträchtigen. Die Pazifikküste ist dabei, der bislang führenden Ostküste den Rang abzulaufen, und die Metropole Los Angeles entwickelt sich immer mehr zur Hauptstadt der Dritten Welt. Hierher strömen Einwanderer aus Mexiko, Guatemala und anderen Ländern südlich des Rio Grande, und immer mehr »Neue Amerikaner« kommen aus Vietnam, Kambodscha und weiteren südostasiatischen Staaten. Englisch ist in vielen Stadtvierteln eine Fremdsprache, und die Angloamerikaner befürchten, sie könnten bald eine Minderheit darstellen wie schon die Indianer.

Chief Seattle würde uns heutigen Menschen in seiner objektiven und abgeklärten Weisheit wohl zweifellos versichern, daß wir auf der Schwelle eines neuen Zeitalters stehen, von einer weiteren zyklischen Veränderung, die sich nicht auf die USA beschränkt, sondern weltweit stattfindet. Es ist die größte Veränderung, die die Menschheit seit Beginn des christlichen Zeitalters erleben wird.

Was die neue Ära bringen wird, weiß niemand. Doch wir können eine Ahnung von dieser Zukunft bekommen, wenn wir die Vergangenheit der ältesten Bewohner betrachten. Diese Menschen haben die Jahrhunderte überdauert, weil sie die Erde mit Liebe und Respekt behandelten und wissen, daß alles Belebte eine Einheit bildet. Möglicherweise kann die gequälte, zerrissene Welt diese Lektion von ihnen lernen, bevor es zu spät ist.

DEGANAWIDAH,
der Friedenstifter

Es war ein großes Reich der Bäume – der Hickorys mit ihrem harten Holz, der Ulmen und der Eichen, der schlanken weißen Birken, der Balsamkiefern und der Fichten. Sie alle überragte die stolze Tanne, deren Wipfel in den Himmel zu reichen schien und die in diesem nahezu unendlichen jungfräulichen Wald, der sich vom Atlantik bis zum Mississippi und von Kanada bis zu den Carolina-Staaten erstreckte, der Häuptling war.

Den nördlichen Teil des Waldes, von der Mündung des St. Lorenz-Stroms bis zur Mitte der Großen Seen, beanspruchten acht Irokesen-Stämme für sich. Huron- und Eriesee wurden nach zweien dieser Stämme benannt, der Mohawk River nach einem dritten. Doch die fünf anderen Stämme, die Seneca, Oneida, Cayuga, Onondaga und Susquehanna, waren deshalb nicht weniger bedeutend. Später kamen noch die aus North Carolina abwandernden Tuscarora hinzu.

Der Friedenstifter war ein gebürtiger Hurone. Er lebte lange bevor Kolumbus nach Amerika kam – lange genug jedenfalls, daß die Widersprüche in den Mythen und Legenden, die von ihm berichten, den Charakter eines märchenhaften Traums annehmen konnten. Und das ist ganz natürlich, denn der Friedenstifter hatte selbst einen Traum, einen wundervoll praktischen Traum, der für ganz Amerika in Erfüllung ging.

Die Mutter und die Großmutter des Friedenstifters waren sehr arm und lebten allein im Wald. In der Legende heißt es, daß sie in der jungfräulichen Geburt des Knaben ein böses Omen sahen und fürchteten, er würde Unheil über den Stamm bringen. Dreimal versuchten sie, das Neugeborene in einem eisigen Fluß zu ertränken. Doch jedes Mal lag das

Kind am nächsten Morgen wieder unversehrt in den Armen seiner staunenden Mutter.

»Er ist für das Leben bestimmt«, sagten Mutter und Großmutter und zogen ihn auf, so gut sie konnten.

Als der Friedenstifter zum Mann heranwuchs, wurde er von der Zauberkraft erfüllt, die vom Großen Geist kommt, der alle Dinge durchdringt und vereint. Das Irokesen-Wort für diese geheimnisvolle und unbestimmte Kraft oder Energie war *orenda*. Sie konnte einen Mann zu großen Taten führen oder ihn in die Zukunft blicken lassen. Sie kam zu ihm, wenn er allein im Wald fastete und betete. Am häufigsten kam sie im Traum.

Genauso erging es dem Friedenstifter. Während einer seiner einsamen Nächte hatte er einen seltsamen Traum. Er träumte vom Häuptling des Waldes, der stolzen Tanne; doch diese Tanne war dicker und höher als jede, die ein Mensch je gesehen hatte. Ihre Wurzeln waren die fünf mächtigsten Stämme der Irokesen, und ihr Stamm war so hoch, daß er den Himmel durchstieß und so den Großen Geist allen Lebens erreichte. Im Wipfel saß ein Adler und gab acht, daß keiner der Stämme den Frieden brach, der zwischen ihnen herrschte.

In den folgenden Tagen sann der Friedenstifter immer wieder über die Bedeutung seines Traumes nach. Sein von Pfählen umzäuntes Dorf lag auf einer Lichtung. In den Wigwams aus zusammengenähter Ulmenrinde saßen die Frauen und fertigten aus Wildleder fransenbesetzte Kleider, Hemden, Beinlinge und Mokassins. Andere kümmerten sich um ein mit Mais, Bohnen und Kürbis bepflanztes Stück Land. Männer häuteten einen Hirsch. Kinder spielten. Alles war wundervoll friedlich.

Doch dieser Friede wurde nur allzu oft gestört, wenn Paddel in der Sonne aufblitzten und kriegerische Banden in Kanus den Fluß herunterkamen. Die Männer waren alle nackt und bemalt, und ihre Köpfe kahlgeschoren bis auf die Skalplocke, ein Haarbüschel über dem Scheitel. Gewöhnlich nahmen sie aus dem Dorf einen Gefangenen mit, einen stolzen jungen Krieger wie sie selbst. Der Friedenstifter wußte, daß diese kriegerischen Handlungen zwischen den Irokesen keine großen Angriffe waren, um einen anderen Stamm zu vernichten und ihm das Land wegzunehmen, sondern nur kleine Überfälle von jungen Männern, die Ruhm erwerben und Gefangene nehmen wollten, um deren Tapferkeit auf die Probe zu stellen.

Eines Tages beobachtete er, wie ein solcher Gefangener gefoltert wurde.

Die erste Marter bestand darin, daß er durch eine Gasse von Huronen-Kriegern laufen mußte, die mit Keulen und Messern auf ihn einhieben. Nach einer Ruhepause, in der er zu essen und zu trinken bekam, wurde er an einen Pfahl gebunden und zu seinen Füßen ein kleines Feuer entzündet.

Die grausam in die Länge gezogene Irokesen-Folter war berüchtigt. Sogar die Frauen beteiligten sich daran. Sie schütteten dem Gefangenen glühende Holzkohle auf den Kopf und schnitten kleine Fleischstücke aus seinem Körper, während das Feuer seine Beine verbrannte. Um ihn länger am Leben zu halten, ließen sie ihn immer wieder ausruhen. Der junge Mann war tapfer und zu stolz, um zu zeigen, wie sehr er litt. Er sang, rühmte seinen Stamm und verspottete seine Feinde.

Als ihm während einer kurzen Pause eine Kürbisflasche mit Wasser gereicht wurde, stieß er sie hochmütig zurück: »Trinkt es selbst! Es ist doch Wasser, das statt Blut durch die Adern eines Huronen fließt.« Die Folter ging weiter, und erst am nächsten Morgen verließ sein stolzer Geist seinen entstellten, verkohlten Körper.

»Ein vergeudetes Leben«, dachte der Friedenstifter. »Diese ständigen Marterungen und Kämpfe zwischen den Stämmen müssen ein Ende haben. Das ist es, was mein Traum vorausgesagt hat.«

Er versuchte, seinem Stamm diesen Traum vom Frieden zu erklären, aber die Huronen wollten nichts davon hören. »Fehden hat es immer schon gegeben. So will es der Brauch«, sagten sie, ohne ihn ausreden zu lassen. Und vielleicht konnte man ihnen das nicht einmal übelnehmen, denn der Friedenstifter war ein Stotterer, den man nur schwer verstand. Doch er war erfüllt von der Kraft des *orenda*. Er kleidete sich in makellos weißes Wildleder, stieg in ein weißes Birkenrindenkanu und begab sich auf die Suche nach jemandem, der für ihn sprechen würde. Viele Tage lang paddelte er über Seen und Flüsse nach Osten, bis er ins Land der Mohawk gelangte. Hier traf er tief im Wald vor einer Rindenhütte einen Mann namens Hiawatha. Sie begannen ein Gespräch, und Hiawatha hörte geduldig zu, als der Friedenstifter stotternd seinen Traum schilderte und erklärte, was er bedeutete.

»Und wie willst du diesen Großen Frieden herbeiführen?« fragte Hiawatha schließlich.

»Wir sind alle Zweige des einen Lebensbaums«, antwortete der Friedenstifter. »Aber wir müssen die Wurzeln, die fünf Stämme, zu einem Bund vereinen, damit Frieden wird.«

»Dann laß uns anfangen«, sagte Hiawatha. »Dein Name bedeutet ›Zwei Flüsse fließen zusammen‹ und meiner ›Er macht Flüsse‹ – das heißt, es ist uns bestimmt, zusammenzuarbeiten.« Und so reisten sie als Paar von Stamm zu Stamm. Hiawatha war ein sprachgewandter Redner und erklärte vor den Stammesräten den Großen Frieden. Der Friedenstifter hingegen war ein wunderbarer Organisator, der sich ausdachte, wie die Föderation, die ihm vorschwebte, aussehen sollte. Ihr gnadenloser Gegner war Hiawathas Halbbruder Todadaho, ein Zauberer und grimmiger Häuptling des Onondaga-Stammes. Um die beiden von ihrem Vorhaben abzubringen, tötete er durch seine Zauberkraft die Frau und die drei Töchter Hiawathas.

Doch die beiden arbeiteten weiter und bekamen die Zustimmung von vier Stämmen – Oneida, Mohawk, Cayuga und Seneca – sich zu einem Bund zusammenzuschließen. Die Onondaga erklärten sich schließlich ebenfalls dazu bereit, als der Friedenstifter vorschlug, man solle ihnen das Vorrecht geben, das Ratsfeuer zu entzünden. Dann trafen

sich die Häuptlinge dieser fünf Stämme mit ihren Stammesräten und Kriegern im Wald, um die rituelle Gründung der
Liga vorzunehmen.

»Wir entwurzeln jetzt die höchste Tanne, den Häuptling
des Waldes«, verkündete der Friedenstifter durch seinen
Sprecher Hiawatha. »In das Erdloch werfen wir unsere Keulen und Kriegsbeile und alle unsere Kriegswaffen, und dann
pflanzen wir den Baum über den Waffen wieder ein.« Und
zur Baumspitze emporblickend, die durch den Himmel zum
Geist allen Lebens hinauffragte, schloß er: »Jetzt haben wir
den Großen Frieden geschlossen, wie er mir im Traum
erschienen ist. Laßt uns über ihn wachen wie der Adler dort
oben, damit er niemals gebrochen wird.«

So entstand die Irokesen-Liga, jener Bund, der auch die
»Fünf Nationen« genannt wird. Sie war – wie der große
Baum – symbolisch verankert. Die fünf Wurzeln im Osten,
Süden, Westen, Norden und in der Mitte, bildeten die fünf
Stämme oder »Nationen«. Die Mohawk, Seneca und Onondaga verkörperten die männliche, die Oneida und Cayuga
die weibliche Hälfte der Liga, die so eine organische Einheit
bildete. Tatsächlich hat sie zweihundert Jahre lang den Frieden bewahrt.

Die aus dem Süden vertriebenen Tuscarora wurden erst
viel später in den Bund der dann »Sechs Nationen« aufgenommen. Die Huronen, der Stamm des Friedenstifters, schlossen sich der Liga nicht an und bestätigten damit
die düsteren Prophezeiungen, die bei der Geburt des Friedenstifters gemacht wurden. Sie zogen nach einem ver-
heerenden Krieg gegen die Irokesen-Liga nach Westen und
siedelten am Huron River im Ottawa-Land, wo sie als
Wyandot bekannt wurden. Später zogen sie ins Tal des
Ohio. Die Erie und Susquehanna (oder Conestoga) wehrten
sich ebenfalls gegen die Macht der Irokesen-Liga und wurden zerschlagen. Viele Erie wurden gefangengenommen
und von den Seneca adoptiert; einige Conestoga wurden
nach Pennsylvania vertrieben, andere von den Oneida aufgenommen.

Bis zum Jahr 1570 hatten sich die »Fünf Nationen« zu einer erstaunlichen politischen Organisation entwickelt. Vor ihrer Gründung hatte die Herrschaft in den Händen der Clans gelegen, die sich erst allmählich zu Stämmen zusammenschlossen. Die Liga stellte nun die großen Stämme unter eine einzige Regierung, ohne jedoch die Autorität der unteren Ebenen aufzuheben. Die Macht kam immer noch aus dem Volk und wurde nicht von einer herrschenden Klasse den unteren Schichten aufgezwungen. Dies geschah auf eine neuartige demokratische Weise.

Der zentrale Rat setzte sich aus fünfzig Sachems oder Häuptlingen aus den fünf Stämmen zusammen. Sie wurden von den Müttern ernannt, die erbliche Häuptlingsrechte besaßen, mußten jedoch vom Volk – den Männern und Frauen gleichermaßen – gewählt und vom Stammesrat bestätigt werden. Die Frauen hatten wahrscheinlich zum ersten Mal in Amerika das Recht, Gesetzesvorlagen einzubringen, Volksbefragungen zu beantworten und Führer abzusetzen. Der Sachem war auf Lebenszeit im Amt, und wer ihn ersetzte, bekam seinen Namen.

Der Friedenstifter, der diese konstitutionellen Grundsätze aufstellte, hatte keine Mutter mit erblichen Rechten; deshalb wurde sein Name als Sachem nicht weitergeführt. Er selbst sagte dazu: »Laßt andere Nachfolger sein, sie werden euch ebenso um Rat zur Seite stehen wie ihre Vorgänger. Ich aber habe euren Bund geschaffen, und niemand hat getan, was ich getan habe.«

Er saß mit einer anderen Mitgliedergruppe im Rat, die Pine Tree oder Pine Tree-Häuptlinge genannt wurden. Diesen Titel konnte jeder Mann durch persönliches Verdienst und ohne erbliche Rechte erwerben.

Der zentrale Rat traf sich im Onondaga-Land, wann immer eine Angelegenheit zu regeln war, die alle Stämme betraf. Die Onondaga fungierten als »Hüter des Feuers«. Jedes Problem wurde eingehend besprochen. Ein Häuptling nach dem anderen stand auf und trug seine Meinung vor. Wenn alle gesprochen hatten, wurde abgestimmt. Jeder

Stamm hatte eine Stimme. Fiel das Wahlergebnis nicht ein-
stimmig aus, wurde die Angelegenheit so lange beraten, bis
alle Stämme zustimmen konnten.

Die wichtigsten Ziele der Föderation waren das Wohl des
Volkes, die Verteidigung gegen Feinde, die Wahrung des
Friedens zwischen einzelnen Personen und zwischen den
Stämmen sowie die Aufrechterhaltung von Recht und Ordnung, die man im Sinne der allgemeinen Gerechtigkeit und
menschlichen Würde für notwendig hielt. Die Macht, die
nötig war, um diese Ziele auszuführen, beruhte auf der gött-
lichen Kraft, dem *orenda*. Die Föderation erkannte dies an,
indem sie in jedem Stamm eine eigene Gruppe schuf, die
sogenannten Hüter des Glaubens. Ihnen unterstanden die
vielen religiösen Zeremonien, die dazu dienten, die Ent-
scheidungen des Rats zu bekräftigen. Bei fast allen diesen
Zeremonien wurde getanzt, weil Tanzen für die Irokesen
eine Form der Huldigung darstellte.

Was mit den Gründern der Liga geschah, wissen wir nur
aus der Legende. Nachdem der Friedenstifter seine Aufgabe
erfüllt hatte, bestieg er, gekleidet in weißes Wildleder, ein
strahlend weißes Kanu und verschwand und lebte nur noch
in den Mythen und Legenden zahlreicher Stämme fort.

Doch es genügt, daß sie mit der Föderation der »Fünf
Nationen« eine organische gesellschaftliche Institution schuf-
en, die dem Ansturm des weißen Mannes zwei Jahrhunderte
standhielt, bis sie im Amerikanischen Unabhängigkeitskrieg
gespalten wurde. In jüngster Zeit erlebt die Irokesen-Liga,
die auch unter dem Namen Haudenosaunee bekannt ist,
eine Erneuerung. Sie ist wieder nicht nur innerhalb ihrer
Stämme aktiv, sondern auch auf nationaler und internationa-
ler Ebene, besonders in Bereichen, wo es um Eigenstaatlichkeit und Menschenrechte geht.

Auch die Entwicklung der Vereinigten Staaten unterlag
dem Einfluß der Irokesen-Liga. Man ist heute der Ansicht,
daß sich die Väter der amerikanischen Verfassung, die mit
der Irokesen-Liga vertraut waren, viele ihrer Grundsätze
zum Vorbild nahmen. Ob dies nun zutrifft oder nicht, die

Symbole des großen Baums und des Adlers sowie die Idee, mehrere einzelne Völker zum Wohle aller in einem Bund zusammenzuschließen, sind amerikanischen Ursprungs und fanden ihre Verwirklichung durch den Friedenstifter und Hiawatha.

POWHATAN

Südlich des Landes der Irokesen gründete ein Pamunkey-Häuptling namens Wahunsonacock mit Stämmen der Algonkin eine weitere Förderation.

Die Algonkin waren eine riesige Sprach- und Völkerfamilie, die sich im Osten der heutigen Vereinigten Staaten und bis nach Kanada ausbreiteten. Das Territorium von Wahunsonacock lag in Virginia. In der zweiten Hälfte des sechzehnten Jahrhunderts gelang es ihm, dreißig Stämme und zweihundert Dörfer unter seine Herrschaft zu bringen. Sein Hauptquartier befand sich bei Powhatan, den Wasserfällen des James River in der Nähe der heutigen Stadt Richmond. Deshalb nannte man diesen Stammesbund die Powhatan-Föderation. Wahunsonacock hieß als regierenden Häuptling »The Powhatan« oder einfach nur Powhatan.

Im Jahr 1608 landeten dort mehrere Schiffe mit englischen Kolonisten, die im Auftrag einer Londoner Handelsgesellschaft in Amerika Fuß fassen sollten. An der Mündung des James River gründeten sie Jamestown, die erste dauerhafte englische Kolonie in Nordamerika. Ihr Leiter oder Kommandant, Captain John Smith, fuhr mit einer kleinen Gruppe flußabwärts nach Pamunkey Creek, wo Powhatan mit dem führenden Stamm seiner Föderation lebte.

Am 12. Januar erreichte Smith mit seinem Kutter das kleine Dorf Werawocomoco. Der Fluß war teilweise zugefroren, und die Männer mußten durch den hüfthohen eisigen Schlick ans Ufer waten. Die Indianer quartierten sie in ihren Wigwams ein und bewirteten sie mit Brot, Truthahn und Wildbret – Lebensmittel, die Powhatan geschickt hatte. Dann marschierten sie in das Dorf, in dem der Häuptling wohnte.

Es war ein großes, von einer Palisade umschlossenes Lager, in dem ungefähr tausend Menschen lebten. Die länglichen

Wigwams hatten runde Dächer aus gebogenen jungen Bäumen und waren mit Baumrinde und Binsenmatten gedeckt. Im Inneren brannte ein offenes Feuer; der Rauch zog durch eine Öffnung im Dach ab. Captain Smith und seine Begleiter wurden in das größte, ungefähr dreißig Meter lange Wigwam geführt, wo sie von Powhatan fürstlich bewirtet wurden.

Powhatan trug einen Federkopfschmuck und viele Ketten aus Muscheln. Er war ungefähr sechzig Jahre alt, eine würdevolle Erscheinung mit einem strengen Gesicht, das seine schlechte Laune widerspiegelte. Captain John Smith erkannte ihn sofort als den »König von Pamunkey« und überreichte ihm eine kupferne Krone.

»Unser Herrscher auf der anderen Seite des großen Wassers, der König von England, sendet dir Grüße und diese Krone«, sagte er.

Powhatan nahm seinen Federschmuck ab und neigte den Kopf gerade so weit, daß ihm die Krone aufgesetzt werden konnte, denn er beugte seinen Kopf nicht gerne vor einem anderen Menschen.

Dann begann das Gespräch. Zwei Männer aus Captain Smiths Begleitung, Walter Russell und Anas Todkill, zeichneten es mit Hilfe eines Dolmetschers auf. Captain Smith dankte Powhatan für den Truthahn und das Wildbret, erwähnte jedoch, daß Powhatan keinen Mais geschickt hatte. Powhatan antwortete, er könne keinen Mais entbehren; er würde jedoch vierzig Maß Mais gegen vierzig Säbel tauschen.

Captain Smith antwortete:

Aber ich kann keine Säbel und Gewehre entbehren. Und du sollst wissen, daß die, die ich habe, mich vor Not bewahren können. Doch ich werde dich nicht bestehlen oder dir Schaden zufügen, und ich werde auch die Freundschaft nicht zerstören, die wir uns versprochen haben, es sei denn, du zwingst mich dazu, indem du uns schlecht behandelst.

Powhatan versprach, etwas Mais bereitzustellen, drückte aber auch seine Sorge über die Absichten der Engländer aus:

28

Daß ihr hierher gekommen seid, bereitet mir Sorgen; deshalb bin ich weniger hilfsbereit als sonst. Viele sagen mir, daß ihr nicht gekommen seid, um Handel zu treiben, sondern um mein Volk zu überfallen und mein Land zu besitzen. Meine Männer wagen es nicht, euch Mais zu bringen, wenn sie sehen, daß deine Männer bewaffnet sind. Um uns diese Angst zu nehmen, laßt eure Waffen auf dem Schiff. Ihr braucht sie nicht, weil wir alle Freunde und für immer Powhatans sind.

Captain Smith, der nicht auf seine Waffen verzichten wollte, verbrachte die Nacht in Powhatans luxuriösem Wigwam und setzte am nächsten Tag das Gespräch mit dem Häuptling fort. Er bestand auf einer Maislieferung, und es gelang ihm, Powhatan zu einem Tausch von zehn Maß gegen einen Kupferkessel zu bewegen. Powhatan, der den Kessel für sehr wertvoll hielt und »außerordentlich freigiebig war mit dem, was er nicht besaß«, gab Captain Smith bereitwillig einen ganzen Landstrich, Monacan genannt, als dieser ihm für das kommende Jahr weitere Handelswaren versprach. Captain Smith war sehr zufrieden, und Powhatan schien überzeugt, daß damit der Grundstein für einen bleibenden Frieden gelegt war. In einer langen Rede sagte er unter anderem:

Captain Smith, ich kenne den Unterschied zwischen Frieden und Krieg besser als jeder andere in meinem Land ... Es heißt, daß du gekommen bist, um mein Land zu zerstören. Das erschreckt mein Volk und meine Männer wagen es nicht, dich zu besuchen...
  Was wird es dir nützen, wenn du gewaltsam nimmst, was du als Gefälligkeit bekommen kannst, oder wenn du diejenigen vernichtest, die dir Nahrung geben?
  Laß dir deshalb sagen, daß wir euch freundlich gesinnt sind, und daß wir euch jedes Jahr aufgrund freundschaftlichen Handels mit Mais versorgen werden. Und das werden wir auch jetzt tun, wenn du auf freundliche Weise zu uns kommst und nicht mit deinen Gewehren und Säbeln, als wolltest du in Feindesland eindringen.

Damit war der Frieden mit den Powhatan hergestellt, und die Engländer hatten für den Preis eines Kupferkessels einen ganzen Landstrich erworben.

Fast die Hälfte der neunhundert Jamestown-Kolonisten erlag den harten Lebensbedingungen. Ohne die Hilfe der Powhatan hätten auch die anderen nicht überlebt. Von den Indianern lernten sie Wigwams zu bauen, die Felder mit Seetang zu düngen und den Anbau von Mais, Bohnen und Kürbisgemüse. Die Powhatan zeigten ihnen, wie man Muscheln backt und einen Bohneneintopf in einer Vertiefung im Boden kocht. Die Siedler, für die der Mais eine weitgehend unbekannte Feldfrucht war, stellten fest, daß man ihn auf verschiedene Weise zubereiten kann. Sie lernten die Kolben in Wasser zu garen, in der heißen Asche zu rösten, aus den Körnern Mehl zu mahlen oder aus Maiskörnern und Bohnen *succotash*, einen schmackhaften Eintopf, zu kochen. Sie rauchten zum ersten Mal das merkwürdige Kraut, das die Eingeborenen *tobacco* nannten, und sie begannen *wampum*, die schönen Ketten und Gürtel aus Muschelschalen, als Geld zu benutzen. Viele Worte der Algonkin wie *wigwam*, *tomahawk*, *hominy* (Maisbrei), *squaw* und *papoose* (kleines Kind) gingen in die englische Sprache ein.

Die Londoner Handelsgesellschaft, die die Kolonie finanzierte, schickte Ersatz für die gestorbenen Kolonisten. Die Neuankömmlinge hatten den Auftrag, für die Gesellschafter auf irgendeine Weise Gewinne zu machen. Aber statt das Land zu roden und urbar zu machen, vertrieben sie die Powhatan von ihren Feldern, brannten ihre Dörfer nieder und ließen die Gefangenen als Sklaven arbeiten. Die Powhatan wehrten sich, töteten viele Kolonisten und nahmen Captain John Smith gefangen.

Powhatan blickte von seinem erhöhten Sitz auf den gefesselten Gefangenen herab. Die englische Krone hatte er abgelegt und trug wieder seinen Federschmuck. Mit zornigem Gesicht hielt er seinen keulenförmigen Tomahawk über den Kopf des Gefangenen und sagte:»Damit sollst du deine verdiente Strafe erhalten.«

Und nun kam es zu einem der berühmtesten Ereignisse in der frühen amerikanischen Geschichte. Nach der romantischen Version warf sich die Lieblingstochter von Powhatan vor Captain Smith und bat um sein Leben. Wahrscheinlicher ist, daß sie ruhig vortrat und – wie es bei den Powhatan Brauch war – als Tochter des Häuptlings diesen Mann als ihren Gefangenen beanspruchte. Captain Smith kam mit dem Leben davon unter der Bedingung, daß die Übergriffe der Kolonisten aufhörten. Bald danach kehrte er nach England zurück.

Doch die Kämpfe flammten kurz danach wieder auf. Der neue Leiter der Kolonie, Sir Thomas Dale, hatte den lukrativen Export von Tabak entdeckt; denn Tabak rauchen war in England Mode geworden. Aber die Tabakpflanzen laugten den Boden rasch aus, und man brauchte bald neues Land. Die Indianer wurden weiter und weiter zurückgedrängt, um Platz für große Pflanzungen zu schaffen. Powhatan zog sich nach Werawocomoco zurück. Hier erhielt er durch einen Boten, der vor ihm niederkauerte und kaum zu sprechen wagte, eine schreckliche Nachricht.

»Meine liebste Tochter Pocahontas?« rief Powhatan und sprang wutentbrannt auf. »Das rocktragende Volk wird dafür büßen! Wir werden töten und töten, bis wir sie wieder haben. Sagt allen Häuptlingen Bescheid!«

»Dafür ist es zu spät«, sagte der vor Angst schlotternde Bote. »Sie haben sie auf ein großes Schiff gebracht, das unsere Kanus nicht angreifen können. Das ist die Nachricht, die ich dir überbringen sollte.«

Pocahontas war tatsächlich auf ein englisches Schiff auf dem Potomac gelockt und als Geisel nach Jamestown gebracht worden. Powhatans Wut legte sich, aber die Sorge und Verzweiflung über den Verlust der Tochter nagten in ihm.

Dieses Mädchen, voll Temperament und Schabernack, war der Sonnenschein seiner alten Tage. Als Kind spielte sie im Gegensatz zu den meisten anderen Kinder gern mit Muscheln und kleinen *wampum*-Perlen. Heiter und unbeschwert war sie stets auf der Suche nach einem fröhlichen Zeitvertreib. Powhatan hatte sie deshalb Matoaka genannt, »Die sich vergnügt«. Als sie zu einem dunkelhäutigen jungen

Mädchen herangewachsen war, entzückte sie ihren strengen Vater mit den vergnüglichsten Possen, und er begann, sie Pocahontas, »die Verspielte«, zu nennen. Im Grunde war sie ein verwöhntes junges Ding, dem er nichts abschlagen konnte. Und nun wurde sie von den Engländern gefangengehalten. »Warum?« fragte er sich. Nach qualvollen Tagen und schlaflosen Nächten dämmerte ihm allmählich der Grund. Die Engländer bedienten sich seiner Tochter als Geisel, um ein enormes Lösegeld zu fordern. Powhatan hatte seinen Kriegern bereits befohlen, die Kämpfe einzustellen, um ihr Leben nicht zu gefährden. »Was werden die Engländer noch verlangen?« fragte er sich. »Daß mein Volk seine Heimat aufgibt und wir von unserem geliebten Land an der Küste fortziehen?« Er war hin- und hergerissen zwischen der Liebe zu seiner Tochter und der Liebe zu seinem Volk. Unfähig sich zu entscheiden, versank er in düstere Schwermut oder erging sich in schrecklichen Wutausbrüchen.

Schließlich wurde ihm von dem tyrannischen Sir Thomas Dale aus Jamestown eine Nachricht überbracht, wie sie schlimmer nicht hätte sein können. Pocahontas wollte zum Christentum übertreten und John Rolfe, einen der größten Tabakpflanzer der Kolonie, heiraten. Powhatan war wie vor den Kopf gestoßen. Er vermutete, daß sie vom ersten Augenblick an von diesen hellhäutigen, bärtigen Männern mit den schönen Kleidern fasziniert war. Vielleicht hatte sie deshalb das Leben Captain John Smiths gerettet, obwohl sie bereits mit Kocoum, einem Powhatan-Krieger, verheiratet war. Aber daß sie einen Engländer heiraten wollte, konnte er nicht begreifen.

Powhatan ließ sich nach Jamestown zu seiner kapriziösen siebzehnjährigen Tochter bringen. »Pocahontas! Meine liebste Tochter!« War sie es, oder war sie es nicht? Sie war gekleidet in Samt und Seide und trug Schuhe an den Füßen. Vor ihm stand keine übermütige Spaßmacherin, sondern eine ruhig und gelassen wirkende junge Frau.

»Willst du tatsächlich einen rocktragenden Mann heiraten? Einen, der unser Land stiehlt, um Tabak darauf anzubauen? Bist du sicher, daß sie dir keinen üblen Streich spielen?« Auf alle seine ängstlichen Fragen gab Pocahontas nur eine Antwort: »Es ist das, was ich will.«

Powhatan stand vor einem Rätsel. Aber auch Sir Thomas Dale fragte sich, warum John Rolfe, ein Mann aus gutem Hause und von tadellosem Benehmen, ein ungebildetes heidnisches Indianermädchen heiraten wollte. In einem langen Brief an den Gouverneur versuchte John Rolfe dessen Zweifel zu zerstreuen:

Deshalb möge meine wohlüberlegte Erklärung, die ich hier vor Gott und meinem Gewissen ablege, am Tag des Jüngsten Gerichts ein hinreichendes Zeugnis sein, daß mein vordringlichster Wunsch… in keiner Weise (soweit dies die Schwäche eines Mannes erlaubt) von dem ungezügelten Verlangen nach fleischlicher Liebe gelenkt ist, sondern dem Wohl dieser Pflanzung dienen soll, der Ehre unseres Landes, dem Ruhme Gottes, meinem eigenen Heil sowie der Bekehrung eines glaubenslosen Wesens namens Pocahontas zur wahren Erkenntnis von Gott und Jesus Christus.

Mein Herz und die meisten meiner Gedanken gehören ihr, und ich bin schon lange so verliebt und in einem so komplizierten Labyrinth gefangen…

In diesem komplizierten Labyrinth von Motiven und Emotionen wurden Pocahontas und John Rolfe im April 1614 Mann und Frau. Bald danach reisten die beiden mit Sir Thomas Dale und Pocahontas' Schwager Uttomatomac nach England. Die Ehe erwies sich in der Tat zum Wohl der Pflanzung. Powhatan gab seine kriegerische Haltung auf und hielt Frieden mit den Kolonisten.

Am Hof in London stellte John Rolfe die christlich getaufte Pocahontas unter ihrem neuen Namen, Lady Rebecca, der Königin, Queen Anne, vor. Er führte sie bei dem berühmten Ben Jonson ein und umgab sie mit allem Luxus, den sich eine Braut nur wünschen konnte. Nach der Geburt ihres Sohnes Thomas Rolfe wurde sie von einem Künstler am Hof portraitiert. Das Bild zeigt sie in einem bestickten

Samtkleid mit einer Halskrause aus Spitzen, einem winzigen schwarzen Hut und einem Fächer in den weiß behandschuhten Händen. In der Tat eine sehr elegante Aufmachung! Und aus all diesem Putz blickt das mitleiderregende Gesicht eines einfachen indianischen Mädchens von einundzwanzig Jahren auf uns herab, das unter dem feuchtkalten englischen Wetter litt und sich nach dem sorgenfreien, spielerischen Leben ihres Heimatlandes sehnte. Ein Jahr später, nach knapp drei Jahren Ehe, erlag sie den Pocken.

Ein weiteres Jahr später, 1618, starb auch Powhatan als alter, enttäuschter Mann. Der Tabakexport entwickelte sich für die englische Handelsgesellschaft zu einem Riesengeschäft, und die Pflanzer nahmen immer mehr Land für immer größere Plantagen in Besitz.

Der nächste Häuptling der Powhatan-Föderation wurde Opechancanough. Er war ein Todfeind der Weißen und führte 1622 einen allgemeinen Aufstand gegen die Kolonisten. Jede Siedlung außerhalb von Jamestown wurde angegriffen; 347 Kolonisten wurden getötet. Die Engländer rächten sich mit einem Feldzug, bei dem jeder Indianer, ob Mann, Frau oder Kind, in ganz Virginia getötet werden sollte. Allen Truppenkommandeuren wurde befohlen, unter keinen wie auch immer gearteten Bedingungen Frieden zu schließen. Opechancanough wurde getötet und enthauptet. Nur einige wenige Indianer überlebten und leisteten vereinzelt Widerstand.

Jahre später kehrte Thomas Rolfe, der Sohn von Pocahontas, in die Heimat seiner Mutter zurück. Er wurde ein wohlhabender Tabakpflanzer und gründete eine der aristokratischsten Familien Virginias. Seine Nachkommen können sich heute einer Abstammung rühmen, die auf die mutwillige Tochter des Häuptlings der einst mächtigen Powhatan-Föderation zurückgeht.

Zu den wenigen Erinnerungen an Pocahontas gehört eine Statue von ihr im Friedhof von Gravesend an der Themse südlich von London, wo sie 1617 beerdigt wurde. Die genaue Stelle ihres Grabs ist nicht bekannt.

MASSASOIT und METACOMET

Zwischen den Irokesen im Norden und den Powhatan im Süden bewohnten zahlreiche kleine Stämme die Küste des südlichen Neuengland, darunter auch die Wampanoag. Hier kreuzte am 21. Dezember 1620 ein Schiff auf. Das Schiff hieß *Mayflower*, aber es wurde seinem lieblichen Namen nicht gerecht. Es war ein stinkender alter 180-Tonner, der jahrelang mit Fisch, Terpentin und anderen übelriechenden Produkten zwischen England und Norwegen hin- und hergefahren war. In den dunklen, erstickenden Unterkünften unter Deck drängten sich 102 Passagiere, alle »aus den Hütten und nicht aus den Schlössern von England«. Sie waren die Vorhut englischer Kolonisten, die man Puritaner nannte, weil sie eine erschreckend strenge Religion predigten, und Pilger, weil sie sich von der Kirche von England losgesagt hatten und in dieses neue Land pilgerten, um nach ihren eigenen religiösen Gesetzen zu leben.

Durch die wirbelnden Schneeflocken sahen die Wampanoag ein Boot auf eine felsige Landspitze zuhalten, die heute Plymouth heißt. Als die Pilgerväter die Indianer sahen, gaben sie einen Schuß mit einer Muskete ab, worauf die Wampanoag in die Wälder flohen. Der Erkundungstruppe marschierte landeinwärts und entdeckte dabei viel gerodetes Land, das etliche Jahre zuvor mit Mais bebaut worden war, einen Hügel, der den Hafen beherrschte, und einen »sehr schönen Bach mit viel gutem Fisch«. An diesem Bach am Südufer des Hafens errichteten die Pilger ihre Kolonie New Plymouth.

Sie legten sofort eine Straße an, die am Town Brook entlang auf den Fort Hill führte und auf dem Captain Miles Standish seine Kanone aufstellte. Sie planten das Gemeindehaus und steckten für jedes Mitglied der Kolonie Land ab.

Allmählich tauchten wieder Indianer auf, bis eines Tages ein großer Krieger über die Lichtung auf das Gemeindehaus zuschritt. Er war nackt bis auf einen hirschledernen Lendenschurz und trug einen Bogen und Pfeile. Die über seine Nacktheit entsetzten Pilger warfen ihm eilends einen roten Reiterrock über. Dann begannen sie miteinander zu sprechen.

Der Krieger namens Samoset sprach ein wenig Englisch. Er kam von oberhalb der Küste und war Häuptling der Abenaki oder Wabenaki. Er war»... der Sprache soweit mächtig, daß er seine Meinung ausdrücken konnte«, und erklärte den Pilgern, der indianische Name für New Plymouth sei Patuxet und bedeute»Kleine Bucht«. Der Stamm der Patuxet war durch die»Seuche«, vermutlich die Pocken, ausgestorben; die verlassenen Maisfelder hatten ihnen gehört. Samosets Freund war der Häuptling aller Stämme in diesem Gebiet, der Sachem der Wampanoag, die unweit im Südwesten lebten. Er hieß Cusamequin,»Gelbe Feder«, war aber besser bekannt unter dem Namen Massasoit.

Einige Tage später kam Samoset zurück mit einem Freund namens Squanto, der ausgezeichnet Englisch sprach. Sie überbrachten eine aufregende Nachricht: Der große Häuptling Massasoit befand sich auf dem Weg, um die weißen Männer zu besuchen. Bald darauf erschien Massasoit mit sechzig Kriegern, deren Gesichter schwarz, rot, gelb oder weiß bemalt waren. Massasoits Gesicht war mit»einer düsteren Brombeerfarbe« bemalt. Er trug einen Mantel aus Hirschfell und eine große Kette aus weißen Perlen, an der ein langes Messer und ein lederner Tabaksbeutel hingen. Seine Miene und sein Gebaren waren ernst und würdevoll.

Die Wampanoag, die ihre Bogen und Pfeile abgelegt hatten, wurden von einer Gruppe Musketiere begrüßt und zum Gouverneur John Carver, zu Edward Winslow und den anderen Pilgervätern geführt. Der Häuptling erhielt zwei Messer, eine kupferne Kette, Zwieback und einen»Krug Starkes Wasser« als Begrüßungsgeschenke. Dann gelobten der Gouverneur und Massasoit, wobei Squanto und Samoset dolmetschten, daß sich die Pilger und alle Stämme, die Massasoit unterstanden, gegenseitig »kein Leid tun« würden. Dieser denkwürdige Friedensvertrag hielt vierzig Jahre bis zum Tod von Massasoit. Die Kolonisten benötigten dringend Hilfe. Da sie nicht wußten, wie man aus Baumstämmen Hütten baute, errichteten sie Häuser aus Ruten und Lehm mit steilen Strohdächern. Doch diese dürftigen Behausungen waren viel zu kalt, um darin zu wohnen, und so blieben die Pilger auf der *Mayflower*, bis das Schiff Anfang April nach England zurückfuhr. In den engen und unhygienischen Quartieren auf dem Schiff wurden sie von der »Allgemeinen Krankheit« befallen – einer Kombination von Skorbut, Lungenentzündung und Tuberkulose –, an der die Hälfte der Kolonisten starb, einschließlich Gouverneur Carver. Ohne Squanto und Massasoits Männer wären auch die Überlebenden zugrunde gegangen.

Squanto zeigte ihnen, wie man Mais auf angehäufelte Erde pflanzte, nach dem die Pflanzstelle vorher mit drei speichenartig übereinander gelegten Heringen gedüngt worden war und wie man im Fluß Reusen aufstellte, um Fische zu fangen. Zugleich fungierte er als Führer und Dolmetscher. Als ihn die Kolonisten fragten, wie es käme, daß er so fließend Englisch sprach, erzählte Squanto eine phantastische Geschichte.

Er und zwanzig andere Patuxet-Krieger waren vor mehreren Jahren von Engländern, die das Land erforschen wollten, gefangengenommen worden, nach Spanien gebracht und in Malaga auf dem Sklavenmarkt verkauft worden. Ein Mönch hatte Squanto dann nach England entkommen lassen, wo er für einen reichen Kaufmann arbeitete. Schließlich verschaffte sich Squanto die Überfahrt auf einem Handelsschiff, das ihn vor der Küste von Neuengland absetzte. Zuhause mußte er feststellen, daß eine Krankheit seinen ganzen Stamm ausgerottet hatte, so daß er der letzte Patuxet war. Seitdem lebte er bei den Wampanoag.

Die Pilger hielten Squanto für »ein besonderes Instrument, das Gott wider Erwarten zu ihrem Heil gesandt« hatte.

Im Oktober jenes Jahres feierten sie ein Fest, bei dem sie Gott für alle Wohltaten dankten, die sie empfangen hatten. Ihr englischer Weizen, ihre Gerste und ihre Erbsen waren nicht gediehen, aber die zwanzig Acker Mais, die Squanto für sie gepflanzt hatte, brachten eine gute Ernte. Dank Massasoits Freundschaft bewegten sie sich »so ungestört und sicher in den Wäldern wie auf den Straßen Englands«. Sieben Häuser und vier öffentliche Gebäude säumten die Straßen von New Plymouth.

Am Tag des Erntedankfests erschien Massasoit mit neunzig Kriegern. Sie brachten Wildbret, Gänse, Enten und Truthähne, Muscheln und Aale sowie wilde Pflanzen, getrocknete Beeren und Salatkräuter mit. Das erste Erntedankfest, das die englischen Einwanderer feierten, war ein solcher Erfolg, daß es danach in jedem Oktober gefeiert wurde, bis Präsident Lincoln 1863 den jeweils letzten Donnerstag im November zum Nationalfeiertag, dem Thanksgiving Day, erklärte.

In den folgenden Jahren kamen weitere Kolonisten und gründeten Handelsposten von Maine bis Connecticut. Im Norden konzentrierten sich die Siedlungen um die Massachusetts Bay. Hier gründeten die Puritaner mit der Bibel in der einen und der Muskete in der anderen Hand in kürzester Zeit zahlreiche florierende Städte: Boston, Salem, Watertown, Lynn und Roxbury. Überall entlang der Küste strömten Tausende neuer Siedler ins Land, vor allem Engländer, Holländer und Schweden. Sie brauchten Land für Häuser und Städte, für Maisfelder und Weidevieh. Die Siedler kauften den Indianern das Land ab oder vertrieben sie einfach.

Viele Hektar Land wurden an die Mitglieder der Plymouth-Kolonie verteilt. Der vornehme alte Massasoit gab, treu an dem Friedensvertrag festhaltend, ein großes Gebiet rings um die Stadt Swansea unter der Bedingung an die Pilger ab, daß sie nicht versuchen würden, das indianische Volk von seiner eigenen Religion abzubringen. Zu Schwierigkeiten kam es, als die Wampanoag auf dem Land, das sie verkauft hatten, weiterhin jagten und fischten und daraufhin festgenommen und verurteilt wurden.

Captain Miles Standish und zwei Kompagnons erwarben einen vierzehn Quadratmeilen großen Landstrich bei Bridgewater. »Haben wir dieses Land nicht für sieben Röcke, acht Hacken, neun Äxte, zehn Yard Baumwolltuch, zwanzig Messer und vier Elchfelle gekauft?« plädierten sie vor Gericht. »Es gehört jetzt uns. Niemand hat das Recht, unseren Besitz unbefugt zu betreten.«

Massasoit versuchte, die Angeklagten zu verteidigen. »Was ist das, euer Besitz? Es kann nicht die Erde sein. Denn das Land ist unsere Mutter, die alle ihre Kinder, die Landtiere, Vögel, Fische und alle Menschen ernährt. Die Wälder, die Flüsse, alles auf der Erde gehört allen und darf von allen genutzt werden. Wie kann ein Mensch sagen, daß das Land ihm allein gehört?«

»Warum habt ihr uns dann dieses Land verkauft?«

»Weil ihr Fremde seid und fern von eurer eigenen Erde. Deshalb haben wir euch das Recht verkauft, das Land zu nutzen wie wir.«

Aber alles Argumentieren half nichts. Die Indianer konnten mit dem europäischen Begriff des Rechtsanspruchs auf Privatbesitz, der dem Eigentümer die alleinige Nutzung sichert, nichts anfangen. Und die Weißen konnten die Auffassung der Indianer von der allgemeinen Nutzung des Landes nicht verstehen. Auf einer Gemeindeversammlung wurde die englische Haltung klar zum Ausdruck gebracht: »Durch Abstimmung wurde beschlossen: Daß die Erde und deren Reichtum Gottes ist; daß die Erde den Heiligen bestimmt ist; daß wir die Heiligen sind.«

So fuhren sie fort, sich indianisches Land anzueignen.

Die »Heiligen an der Bucht«, wie die Puritaner der Massachusetts Bay genannt wurden, empörten sich außerdem über die Weigerung der Wampanoag, Pequot, Narraganset und Nipmuck, den christlichen Glauben anzunehmen. Massasoit riet beständig zum Frieden und schickte seine beiden Söhne in die Schule der Kolonisten, wo Wamsutta, der ältere, in

Alexander, und Metacomet, der jüngere, in Philip umbenannt wurde. Die Jungen wuchsen in einer Atmosphäre zunehmender Spannung auf, die plötzlich explodierte, als die Massachusetts Bay-Puritaner unter Captain John Mason ein Pequot-Dorf an der Mündung des Mystic River in Connecticut überfielen, anzündeten und die meisten der siebenhundert Bewohner töteten, als diese versuchten, den Flammen zu entkommen.

Reverend Cotton Mather berichtete, es sei schrecklich gewesen, »zu sehen, wie sie im Feuer verbrannten, und die Ströme von Blut, die das Feuer löschten, und schrecklich war der Gestank und das Gefühl davon; aber der Sieg schien das Opfer wert zu sein, und deshalb priesen sie Gott«. Von den wenigen Gefangenen, die gemacht wurden, verkaufte man die Männer nach Westindien in die Sklaverei, und die Frauen wurden unter den Soldaten aufgeteilt.

Metacomet war entsetzt und verwirrt. »Sieh her«, sagte er zu seinem Vater. »Auf dem Siegel der Massachusetts Bay-Kolonie ist das Bild eines Indianers. Ich werde dir die Worte vorlesen, die aus seinem Mund kommen: ›Kommt her und helft uns‹. Das lehren diese Puritaner. Aber sieh dir an, was sie tun! Das Volk der Pequot gibt es nicht mehr. Und die, die übrig sind, dürfen sich nicht mehr Pequot nennen!«

»Die Puritaner sind unsere Freunde«, beharrte Massasoit eigensinnig.

Als der edle Massasoit, der bis zu seinem Tod ein Freund der Engländer geblieben war, 1661 starb, ließen die Unruhen sich nicht länger vermeiden. Wamsutta, oder Alexander, der zum Häuptling ernannt worden war, wurde gefangengenommen und vor den Gouverneur gebracht, der ihm eine Verschwörung gegen die Pilger zur Last legte. Als er schließlich freigelassen wurde, starb er wenige Tage später in Plymouth am Fieber und an »innerer Wut«. Metacomet, den die Engländer jetzt Philip von Pokanoket oder König Philip nannten, wurde nach ihm Häuptling der Wampanoag.

Ihm wurden immer neue Beschränkungen auferlegt. Er mußte sich als Untertan nicht nur zur englischen Krone, sondern auch zur »der Regierung von New Plymouth« bekennen und schwören, ohne die Genehmigung des Gouverneurs von Plymouth nichts von dem Land, das ihm noch geblieben war, zu verkaufen. Schließlich verlangte man von ihm einhundert Pfund Sterling Schadenersatz und einen jährlichen Tribut von fünf Wolfköpfen.

»Zahlt den Tribut«, riet er seinen Kriegern. »Damit kaufen wir Zeit, um bereit zu sein.«

Heimlich begann er, seine Krieger in den Wäldern zu organisieren und sie mit Musketen zu bewaffnen. Er ging zu den Nipmuck, Sakonnet, Pocasset, Nauset, Pamet und anderen Stämmen und bat sie um Unterstützung. Eine kleine Gruppe der Mohegan und der »Betenden Indianer«, die das Christentum angenommen hatten, weigerte sich mitzumachen. Aber Canonchet, der Häuptling des mächtigen Narraganset-Stamms, hieß ihn herzlich willkommen. Sie planten, im Frühjahr 1676 in einem organisierten Krieg gegen die Weißen vorzugehen.

Doch Anfang 1675, als ein Siedler einen Indianer erschoß, weil er sein Land betreten hatte, kam es zu einem Aufstand, der als King Philip's War bekannt wurde. Auf beiden Seiten wurde er mit fanatischer Wut geführt. Philip, ein Phantom in den Wäldern, setzte seine Truppen mit Geschick und List ein. Während sich ihm ein Stamm nach dem anderen anschloß, überfiel er Dartmouth, Taunton und Scituate.

In Massachusetts, Rhode Island und Connecticut breitete sich Panik aus. Die Engländer stellten eine große Armee auf. Verantwortlich für die Rekrutierung der Soldaten waren die Städte. Jeder taugliche Mann, der sich weigerte einzurücken, wurde mit einer Geldstrafe belegt oder mußte Spießruten laufen. Die puritanischen Geistlichen forderten von den Kanzeln, die wilden Kanaaniter, die es gewagt hatten, »die ganze Nation, ja das ganze Israel Gottes« anzugreifen, müßten vernichtet werden. Sogar die »Betenden Indianer« wurden aus ihren Dörfern vertrieben, eingesperrt und beim geringsten Verdacht hingerichtet.

König Philip überfiel die Ortschaften Lancaster, Medfield, Weymouth und Marlborough und brannte sie nieder. Er war ganz offensichtlich ein militärisches Genie. Von neunzig englischen Städten griff er zweiundfünfzig an und zerstörte zwölf vollständig. Die englische Armee schlug erbarmungslos zurück. An einem winterlichen Sabbathmorgen rückte sie gegen die im Great Swamp bei Kingston auf Rhode Island versammelten Narraganset vor und tötete Hunderte von Männer, Frauen und Kindern. Häuptling Canconchet wurde gefangengenommen und umgehend hingerichtet.

Die Frau und der neunjährige Sohn von König Philip wurden ebenfalls gefangengenommen.»Mein Herz bricht!« rief Metacomet aus, als er davon erfuhr.»Nun bin ich bereit zu sterben!«

Reverend Cotton Mather verkündete in Boston:»Der Verlust seiner Frau und seines Sohnes muß für ihn so bitter sein wie der Tod, denn erstaunlicherweise lieben die Indianer ihre Kinder und hängen sehr an ihnen.«

Bis zum Sommer 1676 hatten sich die Kämpfe zum Nachteil von König Philip gewendet. Seine Truppen, die sich in die Wälder und Sümpfe zurückziehen mußten, waren ausgehungert, erschöpft und krank und begannen zu desertieren. Er selbst wurde schließlich in einem Sumpf getötet. Seinen Kopf brachte man im Triumph nach Plymouth, seine Hände wurden nach Boston geschickt. Der Rest seines Körpers wurde geviertelt und den Wölfen überlassen.

Damit war der Krieg vorbei. Das Land der Wampanoag wurde übernommen und verkauft. Die siegreichen englischen Kolonisten, die in Scharen ins Land strömten, machten Jagd auf die fliehenden Indianer und verkauften indianische Männer, Frauen und Kinder als Sklaven. An die fünfhundert Indianer wurden allein von Plymouth aus nach Westindien verschifft, unter ihnen auch die Frau von König Philip und sein Sohn.

Die Bürger von Plymouth spießten den Kopf von König Philip auf einen Pfahl und pflanzten ihn auf den Hügel von Fort Hill. Reverend Mather holte sich später als Trophäe den Kieferknochen »jenes gotteslästerlichen Leviathan«. Der übrige Teil des Schädels blieb zwanzig Jahre lang auf dem Pfahl ausgestellt. Er gehörte dem größten Kriegshäuptling der Wampanoag, dem Sohn des edlen Massasoit, der den Pilgervätern geholfen hatte, hier ihre erste Kolonie in Neuengland zu gründen.

Ein Historiker des 19. Jahrhunderts, Samuel Drake, schrieb über Massasoit: »Er war ein Häuptling, der im Frieden berühmter war als im Krieg. Sein Leben lang fühlte er sich als ein Freund der Engländer, obwohl sie sich wiederholt Übergriffe auf sein Land und seine Freiheit erlaubt hatten.«

Über seinen Sohn, König Philip, schrieb im 19. Jahrhundert der Historiker William Weeden: »Durch seine erstaunliche Energie und Staatskunst, die er als Führer der Stämme Neuenglands an den Tag legte, machte er sich beinahe zum König. Wären die gegnerischen Kräfte ein wenig schwächer gewesen, hätte er vielleicht ein zeitweiliges Königreich auf der Asche der Kolonien gegründet.«

PONTIAC

Pontiac war ein Mann aus Stahl, der zwischen einem britischen Hammer und einem französischen Amboß zerschlagen wurde. Am frühen Morgen jenes 9. Juli 1755, der ihn in diese verhängnisvolle Lage bringen sollte, saß er in einer Schlucht oberhalb des Flusses Monongahela und blickte auf das von einer Einpfählung umgebene Fort Duquesne. An dieser strategisch wichtigen Stelle, wo Allegheny und Monongahela zusammenfließen und den mächtigen Ohio bilden, steht das heutige Pittsburgh. Pontiac war damals fünfunddreißig Jahre alt. Er war mittelgroß, hatte eine ungewöhnlich dunkle Hautfarbe und ein kühnes, strenges Gesicht. Als willensstarker Mann war er es gewohnt, daß man ihm gehorchte; aber er war auch bekannt dafür, daß er Wort hielt. Wenn er etwas kaufen wollte, stellte er auf einem Stück Birkenrinde einen Wechsel aus, den er mit dem Bild eines Otters, seinem Totemtier, unterzeichnete. Jeder dieser Schuldscheine wurde gewissenhaft eingelöst.

Nun stand er vor dem Problem, mit wem er sich verbünden sollte. Ein Jahr zuvor hatte eine kleine englische Gruppe hier mit dem Bau eines Forts begonnen. Dann war eine dreihundert Kanu starke Flotte mit Franzosen und Indianern den Fluß heruntergekommen, die Engländer wurden vertrieben, und die neuen Herren übernahmen das Fort und nannten es Duquesne. Und nun war eine große englische Armee im Anmarsch, um das Fort zurückzuerobern. Der Fortkommandant erwog bereits den Rückzug, als Beaujeu, einer seiner Offiziere, den kühnen Vorschlag machte, Ottawa, Ojibwa, Huronen und Delawaren anzuwerben, um das Fort zu retten. Pontiac wurde zum führenden Häuptling ernannt.

»Soll ich mich mit den Engländern oder mit den Franzosen verbünden?« fragte er sich. Beide waren Weiße, die sich

letztendlich gleich waren; aber ein paar Unterschiede hatte er dennoch bemerkt. Die Franzosen waren Fallensteller, *coureurs de bois*. Und dieses Land seiner Eltern, eines Ottawa-Häuptlings und einer Ojibwa, war ein großartiges Land für Pelztierjäger, besonders wegen der Biber. In den Seen, Flüssen und zahllosen kleinen Gewässern gab es Fische in Hülle und Fülle, und man brauchte auch keinen Mais anzubauen, denn der Wildreis, den die Franzosen *avoine folle*, »wilden Hafer«, nannten, wuchs von allein. Um ihn zu sammeln, bogen die Ojibwa nur die hohen Halme über ihre Kanus und klopften die Körner mit kleinen Holzpaddeln ab.

Die französischen Waldläufer und Pelzhändler fügten sich in das natürliche Leben des Landes ein. Sie lernten, meilenweit auf Schneeschuhen zu gehen, und handhabten geschickt ihre zehn Meter langen Kanus. Für Felle tauschten sie gute Äxte, Messer, Kessel und Gewehre, waren fröhlich und sangen bei der Arbeit. Sie lernten die Sprache der Indianer, und viele heirateten Ottawa- und Ojibwa-Mädchen. Kein Wunder also, daß sie gut in der Wildnis Fuß faßten. Darüber hinaus beherrschten die Franzosen ganz Kanada und das Land der großen Seen, und sie errichteten Handelsposten im Mississippi-Tal bis hinunter zu ihrer großen Kolonie New Orleans.

Die Engländer dagegen waren in Pontiacs Augen mürrisch und habgierig, außerdem betrogen sie die Indianer. Da sie sich für etwas Besseres hielten, heirateten sie selten in einen indianischen Stamm ein. Aber sie waren ein mächtiges Volk. Sie beherrschten die Atlantikküste von Neuengland bis nach Virginia und drangen jetzt in das obere Ohio-Tal vor. Wer von ihnen, die Franzosen oder die Engländer, würde die Herrschaft über das Tal erringen und es besiedeln? Pontiac beabsichtigte, auf Seite der Sieger zu stehen, um seinem Volk den Frieden und den einträglichen Pelzhandel zu erhalten. Aber im Grunde konnte er nur zwischen zwei Übeln wählen. Gegenüber den andrängenden Weißen würden die Indianer in jedem Fall die Verlierer sein, gleichgültig, wer hier im Ohio-Tal als Sieger hervorging.

Das Problem, vor dem der Ottawa-Häuptling an diesem Sommermorgen stand, war groß – es war größer, als er ahnen konnte. Im fernen Europa bahnte sich ein Krieg an zwischen Österreich, Frankreich, Schweden und Rußland auf der einen und England und Preußen auf der anderen Seite, der bis 1763 dauern sollte. Der britisch-französische Kolonialkrieg, der 1754 begann, war nur die amerikanische Phase des Siebenjährigen Kriegs in Europa, und sein Ausgang sollte entscheiden, ob Frankreich oder England das reiche Nordamerika beherrschen würde.

Pontiac wurde jäh aus einen Überlegungen gerissen, als die Kanonen des Forts zu schießen begannen. Er sah Beaujeu die großen Tore aufstoßen und hörte ihn rufen: »Die Engländer kommen!« Und nun wimmelte es überall von indianischen Kriegern. Pontiac sprang auf und ging rasch zum Fort.

Einen Monat lang hatte sich die englische Armee mit dreizehnhundert Mann von Fort Cumberland in Virginia durch den jungfräulichen Wald gequält. Geführt wurde sie von Generalmajor Edward Braddock, der aus England geschickt worden war, um das Kommando über sämtliche britischen Streitkräfte in Amerika zu übernehmen. Es hieß, er sei intolerant, arrogant und launisch, aber auch mutig; und er hatte in den Niederlanden unter dem Prinzen von Oranien glänzende Siege errungen. Dieser mühsame Marsch durch einen unwegsamen, dichten Wald war nicht nach Braddocks Geschmack. Er wurde von Tag zu Tag mißmutiger.

Schließlich meldete sich ein junger Soldat aus Virginia namens George Washington bei ihm: »Sir, unser Vormarsch ist zu mühselig. Erlauben Sie mir, mit einer Eskorte und einer Abteilung von hundert Holzfällern vorauszugehen, um einen Weg für die schweren Proviant- und Gepäckwagen freizuhauen?«

»Sie beginnen sofort damit!« befahl General Braddock.

Nun kam die Kolonne schneller voran, aber es war immer noch ein sehr schwieriger Marsch. Die Pferde wurden bis zum äußersten strapaziert, um die schweren Wagen über Baumstümpfe, Wurzeln und durch dichtes Gebüsch zu ziehen. Die erst vor kurzer Zeit aus England eingetroffenen Soldaten schwitzten in ihren roten Uniformröcken, und der düstere stille Wald war ihnen unheimlich. Endlich, am 9. Juli, erreichten sie nur neun Meilen von Fort Duquesne entfernt den Monogahela und begannen, den seichten Fluß zu überqueren.

Auf der anderen Seite, in zwei Schluchten verborgen, wartete Beaujeu mit einer Gruppe Franzosen und Kanadiern sowie eine Horde Ottawa-Krieger unter Pontiac, unterstützt von Huronen und Ojibwa. Als die Sonne den Zenit erreichte, ertönte ein schriller Schrei. Dann brach das Kriegsgeheul los, und der Angriff begann. Die Briten gerieten in Panik. Einer nach dem anderen fiel, während sie in den Schutz der Bäume hasteten, hinter denen weitere Krieger lauerten.

Braddock galoppierte fluchend und brüllend hin und her. »Zugweise antreten!« schrie er, doch seine Truppen drängten sich in der Waldschneise zusammen wie eine Herde rotröckiger Schafe und wurden niedergemacht. Fünf Pferde brachen unter Braddock zusammen, bis er selbst tödlich verwundet wurde. Washington konnte die fliehenden Soldaten nicht aufhalten. Die Engländer luden den sterbenden General auf einen Wagen und zogen sich in Richtung Philadelphia zurück. Von den dreizehnhundert Soldaten waren nahezu achthundert gefallen oder verwundet. Zurückgelassene Geschütze, Gepäck, Vorräte und Wagen kennzeichneten meilenweit ihren Fluchtweg.

Pontiac hatte Fort Duquesne für die Franzosen gerettet. Aber nicht für lange. Die französischen Streitkräfte wurden in der Neuen Welt bei Quebec geschlagen, und Frankreich verlor 1763 ganz Kanada an England. Fort Duquesne wurde den Briten übergeben, die es in Fort Pitt umbenannten. Es fielen die Forts Le Bœuf, Presque Isle und Venango. Andere westliche Vorposten wie Detroit, Michilimackinac, Sault Saint Marie, Quantanon, Miami, Green Bay und Saint Joseph blieben noch besetzt. Inzwischen hatten die Englän-

der einen jungen Abenteurer mit einer Truppe von zweihundert Mann in Kanus losgeschickt, um im Namen des
englischen Königs die Kapitulation der Franzosen entgegen-
zunehmen.

Major Robert Rogers und seine Ranger waren berühmt
für ihre Unternehmungen. Es waren verwegene Männer,
die die Wildnis kannten wie die Indianer. Im November
erreichten sie das Südende des Eriesees, den westlichsten
Punkt, zu dem das St. Georgs-Kreuz bisher gebracht worden
war. Hier jedoch wurden sie von Pontiacs Kriegern aufgehalten.

Rogers verlangte, den Häuptling zu sprechen. Pontiac
ließ ihn den ganzen Tag warten, dann erschien er und fragte
hochmütig: »Was tut ihr in meinem Land? Wie könnt ihr es
wagen, es ohne meine Erlaubnis zu betreten?«

»Die Franzosen sind besiegt. Kanada hat sich ergeben«,
antwortete Rogers. »Man hat mich geschickt, um alle französischen Forts in Besitz zu nehmen und den Frieden zwischen Weißen und Indianern wiederherzustellen.«

»Die Franzosen haben sich ergeben. Wir Indianer nicht«,
antwortete Pontiac stolz. »Wenn zwischen uns Krieg sein
soll bis zum Ende, laß uns anfangen. Meine Krieger warten.
Wenn Frieden sein soll, dann soll dein König, Onkel George, versprechen, daß er mein Volk mit Respekt behandelt.«

Nachdem sie vier Tage verhandelt hatten, stimmte Rogers
Pontiacs Bedingungen zu. Pontiac ließ ihn nicht nur ungehindert passieren, sondern verhinderte auch, daß er von den
Indianern im Gebiet von Detroit angegriffen wurde. Rogers
präsentierte dem Kommandanten von Detroit seine Papiere,
das Lilienbanner wurde eingeholt und die Fahne mit dem
Georgs-Kreuz gehißt. Siebenhundert Indianer wohnten dieser Machtübergabe bei. Anschließend wurden Offiziere entsandt, um die übrigen französischen Forts zu übernehmen.

Pontiac hatte das von de la Mothe Cadillac gegründete
Fort Detroit immer geliebt. Inzwischen war es eine Siedlung
mit zweitausendfünfhundert Menschen. Das von einer Palisade umgebene Fort in der Mitte barg ungefähr hundert

kleine Häuser und Soldatenunterkünfte. Über jedem Tor befand sich ein Blockhaus. Im Fort wohnten die einhundertzwanzig Soldaten der Garnison und vierzig Pelzhändler.

Oberhalb und unterhalb des Forts reihten sich die kleinen kanadischen Häuser mit Gärten und Obstbäumen Auf dem Westufer des Flusses standen die Wigwams der Potawatomi; gegenüber, auf der ansteigenden Ostseite, lag das Wyandot-Dorf, und einige Bogenschüsse höher das Ottawa-Dorf von Pontiac.

Pontiac lebte mit seiner Frau und seinen Kindern auf einer kleinen Insel an der Öffnung des Lake St. Clair. Sein Wigwam aus Rinde und Schilf war innen mit Bärenfellen ausgekleidet. Als Häuptling des lockeren Bundes zwischen den Stämmen der Ottawa, Ojibwa und Potawatomi war er bei den Stämmen der Illinois und denen, die sich weiter flußabwärts am Ohio aufhielten, ein einflußreicher Mann. Nachdem er sich mit Rogers geeinigt hatte, hoffte er auf einen gedeihlichen Handel mit den Briten.

Leider blieb Rogers nur kurze Zeit in Detroit. Die Beziehungen zwischen Briten und Indianern verschlechterten sich zunehmend. Die Pelzhändler betrogen und bestahlen die Indianer. Wenn Krieger ins Fort kamen, wurden sie von den Soldaten beschimpft und herumgestoßen. Mit der zunehmenden Besiedelung breitete sich der Unmut der Indianer auch unter den abgelegeneren Stämmen aus. Pontiac konnte keine weiteren Beleidigungen hinnehmen.

Er legte den Kriegsgürtel aus roten Muschelperlen an und machte sich auf den Weg zu den Stämmen, vom Ontariosee bis zu den Seneca der Irokesen-Liga und weit nach Süden entlang des Mississippi. Allen Sachems im Rat überbrachte er seine Botschaft:»Die Engländer kommen. Wie die Wogen des Meeres haben sie unsere Brüder an der Küste überrollt. Nun rollen sie auf uns zu. Wollt ihr ersäuft werden wie gefangene Bisamratten? Oder wollt ihr für eure Heimat kämpfen? Die Franzosen werden uns helfen!«

Bis zum Frühjahr 1763 hatten die Stämme seine Pläne für einen allgemeinen Aufstand angenommen. Am 9. Mai sollten die Ottawa, Delawaren, Huronen, Shawnee und Seneca das jeweils nächstgelegene englische Fort angreifen. Sobald alle Forts zerstört waren, wollten sich die Stämme vereinen, um alle Siedlungen zu zerstören.

»Ich selbst werde Detroit einnehmen!« versprach Pontiac.

Ein Ojibwa-Mädchen namens Catherine hatte sich in Gladwyn, den Kommandanten des Forts, verliebt. In der Nacht vom 6. Mai ging sie zu ihm und sagte:

»Morgen wird Pontiac mit sechzig seiner Häuptlinge ins Fort kommen. Jeder wird unter seiner Decke heimlich ein Gewehr tragen. Pontiac wird dir einen Friedensgürtel aus Wampumperlen verkehrt herum reichen. Das ist das Zeichen für den Angriff. Die Häuptlinge werden dich und deine Offiziere töten. Die Indianer draußen werden die Garnison angreifen.«

Am nächsten Morgen, als Pontiac und seine Häuptlinge das Fort betraten, wußte er, daß er verraten worden war. An jeder Seite standen bewaffnete Soldaten und Pelzhändler. Mit unbewegtem Gesicht ging er zu Gladwyn, der ihn im Versammlungshaus erwartete. »Warum sehe ich auf der Straße so viele Soldaten mit schußbereiten Gewehren?« fragte er.

»Ich habe eine Übung angeordnet«, antwortete Gladwyn. Nach einem kurzen Gespräch ließ er die Häuptlinge gehen, weil er glaubte, er habe Pontiac eine Lehre erteilt.

Zwei Tage später belagerte Pontiac mit seinen Ottawa-, Wyandot-, Potawatomi- und Ojibwa-Kriegern das Fort. Am selben Tag schwärmten planmäßig die anderen Stämme zum Angriff aus – auf Quantanon, Michilimachinac, Niagara, Preque Isle, Le Bœuf und Venango. Von den zwölf britischen Handelsposten wurden acht eingenommen und die dort stationierten Truppen getötet. Pontiac wußte damals nicht, daß seine Bemühungen, sein Land vor den englischen Invasoren zu bewahren, damit ihren Höhepunkt erreicht hatten. Er setzte die Belagerung Monat für Monat fort und schrieb an die Franzosen, sie möchten ihm aus ihren Niederlassungen am unteren Mississippi Hilfe schicken.

Ende Oktober erreichte ihn ein Brief von M. Neyon de Villiers, dem französischen Kommandanten von Fort de Chartres in Louisiana, mit einer niederschmetternden Nachricht. Frankreich hatte im vergangenen Februar in Paris einen Friedensvertrag unterzeichnet und nicht nur Kanada, sondern auch alle Ansprüche auf das Land östlich des Mississippi aufgegeben. Ganz nebenbei erwähnte Neyon, die besiegten Franzosen würden ihre Kinder nicht vergessen und ihnen von jenseits des Mississippi helfen, und er schloß mit den Worten: »Nun müssen die Ottawa in Frieden leben.«

Pontiacs Hoffnung auf Hilfe von den Franzosen hatte sich zerschlagen; trotzdem setzte er die Belagerung von Detroit bis in den Sommer des folgenden Jahres fort. Im August 1764, nach fünfzehn Monaten Belagerung, kam Captain James Dalyell dem Fort zu Hilfe. Dalyell wurde getötet, doch Detroit war befreit.

Pontiac mußte zusehen, wie seine verbündeten Huronen, Ojibwa, Delawaren und Seneca abzogen. Desillusioniert, aber ungeschlagen, reiste er entlang des Maumee River nach Süden und nützte den Rest des Jahres, um die Kickapoo, Illinois und Miami als neue Verbündete zu gewinnen. Im Frühjahr des folgenden Jahres überzeugte ihn ein englisches Sonderkommando, das aus Vincenne in Indiana zu ihm geschickt worden war, daß er auf verlorenem Posten kämpfte: Die Stämme hatten sich zu Untertanen der englischen Krone erklärt. Pontiac kehrte nach Detroit zurück und schickte an Sir William Johnson, den englischen Regierungsbeauftragten für indianische Angelegenheiten, eine Friedenspfeife.

Ein Jahr später reiste Pontiac an der Spitze einer Abordnung von Ottawa-, Potawatomi- und Ojibwa-Häuptlingen und in Begleitung eines englischen Repräsentanten aus dem Fort nach Johnson Hall in Oswego im Staat New York und besiegelte in Anwesenheit von Sir William Johnson förmlich seine Unterwerfung unter die englische Krone.

Pontiacs Niederlage öffnete den Engländern das reiche Tal des Ohio. Während der einst große Häuptling einsam und ziellos durch die Siedlungen streifte, sah er Tag für Tag die schwerfälligen, mit Segeltuch gedeckten Wagen aus Pennsylvania kommen. Die Siedler nannten diese Plan-wagen »Conestogas« – es war der allgemein übliche Name für einen der Stämme, die Susquehanna, die früher in Penn-sylvania gelebt hatten und von denen nur noch wenige übrig waren. Pennsylvania bot für jeden gefangenen Indianer, der älter als zehn Jahre war, eine Prämie von einhundertfünfzig Dollar; für jeden Skalp eines getöteten Indianers 134 Dollar; für jede gefangene Frau oder jeden Knaben unter zehn Jahre einhundertdreißig Dollar, und für den Skalp jeder ermorde-ten Indianerin fünfzig Dollar.

Im Frühling 1769 wurde Pontiac – genau drei Jahre nach seiner Unterwerfung – in Cahokia im Staat Illinois ermor-det. Aus der zuverlässigsten Quelle geht hervor, daß er von hinten von einem Kaskaskia-Indianer erstochen wurde, den ein englischer Händler namens Williamson mit einem Faß Whiskey dazu überredet hatte.

Die Stadt Pontiac in Michigan, nur ein paar Bogenschüsse nördlich von Detroit, wurde nach diesem großen Patrioten benannt, der einst dort in der Nähe, auf Apple Island im Orchard Lake, sein Zuhause hatte.

THAYENDANEGEA
oder JOSEPH BRANT

Jener höchste Baum des Waldes, dessen Wurzeln die fünf
mächtigsten Stämme der Irokesen bildeten und dessen Spitze
durch den Himmel zum Geist allen Lebens vorstieß – dieses
Symbol des Großen Friedens der Irokesen-Föderation hatte
zweihundert Jahre lang nicht geschwankt. Doch nun wehte
aus Europa ein mächtiger Wind über das Große Wasser, und
er entwurzelte den Baum.

Es schien unvorstellbar, daß dies geschehen konnte. Jedes
Jahr erinnerten die alten Sachems und Pine Trees feierlich an
die Gründung der Liga. »Ihr seht die Fußspuren eurer Vorfahren«, rezitierten sie. »Noch ist der Rauch der Pfeife wahr-
nehmbar, die sie miteinander geraucht haben.« Und sie
erzählten von der Tat, die sie groß gemacht hatte.

In diesen zwei Jahrhunderten hatten die »Fünf Nationen«
zusammengehalten wie eine unzerreißbare Perlenkette, die
sich von Osten nach Westen zog, von den Mohawk zu den
Oneida, den Onondaga, Cayuga und Seneca. Sie hatten die
Huronen im Norden und die Susquehanna oder Conestoga
im Süden unter ihre Herrschaft gebracht. Als die Tuscarora
von den Engländern aus North Carolina vertrieben wurden,
hatte ihnen die Liga Land gegeben und sie als sechste Nation
in den Rat aufgenommen. Die Irokesen-Liga beherrschte
das Land vom St. Lorenz-Strom bis zu den Großen Seen
und war zur mächtigsten Organisation der Indianer in den
Vereinigten Staaten geworden.

Der Knabe Thayendanegea hörte den Erzählungen und
Beratungen der alten Männer aufmerksam zu. Er war ein
Mohawk des Wolf-Clans und dazu bestimmt, eines Tages
ein Pine-Tree-Häuptling zu werden. Er hatte von den
Feindseligkeiten zwischen Engländern und Franzosen ge-
hört, die zum britisch-französischen Kolonialkrieg führten,

55

und wollte wisen, welche Position die Liga in diesem Streit einnahm.
»Die Ottawa, Ojibwa und Huronen im Westen helfen den Franzosen. Werden wir ihnen oder den Engländern helfen?« fragte er seinen Vater Tehowaghwengaraghkwin.
»Wir sind unsere eigenen Herren. Uns kann man nicht bestechen, damit wir für die eine oder andere Seite kämpfen. Natürlich haben es beide, Franzosen und Engländer, versucht«, antwortete sein Vater. »Frag Hendrick.«
»König« Hendrick war der berühmteste Pine Tree der Mohawk, obwohl sein Vater ein Mohegan war. Er war ein grimmig aussehender alter Mann, der Thayendanegea oft die lange Reihe der Kreuze zeigte, die er in den Stamm eines Baumes geschnitten hatte. Jedes Kreuz stand für einen Feind, den er getötet oder gefangen hatte. »Du hast die Geschichte doch schon gehört«, sagte er unwirsch. »Dein Vater hat recht. Ich war einer der vier Ratsmitglieder der Liga, die von den Engländern zu ihrer Königin gebracht wurden. Dein Großvater war auch dabei. Die Königin nannte uns die ›Vier Könige‹. Ein Mann hat in ihrem Auftrag von jedem von uns ein Bild gemalt. Sie hat uns Geschenke gegeben, und das alles, weil die Engländer wollten, daß die Irokesen für sie kämpfen. Pah! Wir lassen uns nicht bestechen!«
»Es ist nicht einfach für die Liga, neutral zu bleiben«, schloß Thayendanegeas Vater. »Der Wind des Krieges weht von beiden Seiten. Ich fürchte, daß Schlimmes auf uns zukommt.«
Doch er hatte es nicht mehr erlebt. Kurz nach seinem Tod heiratete Thayendanegeas Mutter einen Mohawk, der bei den Weißen unter dem Namen Brant bekannt war. Danach hieß der Indianerjunge Thayendanegea Joseph Brant. Und nun begegnete er dem Mann, der sein Leben entscheidend veränderte.
William Johnson war nach Amerika geschickt worden, um für seinen Onkel, Sir Peter Warren, einen großen Grundbesitz im Staat New York zu übernehmen. Er ließ sich im Mohawk Valley nieder, wurde ein wohlhabender Pelzhändler und baute ein großes Gutshaus, das er Johnson Hall

nannte. Seine zahlreichen Liebschaften waren den Mohawk gut bekannt. Ein holländisches Mädchen, das ihm drei Kinder geboren hatte, heiratete er auf ihrem Sterbebett. Danach nahm er sich ein Mohawk-Mädchen zur Frau und nach ihr wieder eines, und dieses war Molly Brant, die ältere Schwester von Joseph, vormals Thayendanegea.

Joseph gefiel dieser gutmütig derbe und stürmische Ire. Er war groß und stark, tanzte mit den Mohawk-Kriegern und hielt vor den Sachems, nicht minder wortgewandt als sie, flammende Reden. Er war ein Mann so recht nach dem Herzen eines Jungen. Außerdem war er gerade zum Generalmajor der britischen Streitkräfte befördert worden.

Als der britisch-französische Kolonialkrieg ausbrach, erschien Johnson vor dem Rat der Liga. Mit großartiger Geste warf er einen roten Muschelperlengürtel vor den Ratsmitgliedern auf den Boden und bat die Irokesen in einer bewegenden Ansprache um freiwillige Mitstreiter. Die alten Sachems versuchten vergeblich, die Neutralität der Liga zu bewahren. Rund zweihundert Irokesen folgten Johnsons Ruf. Selbst der alte »König« Hendrick meldete sich, bot sich ihm hier doch die Gelegenheit, die neununddreißig Kreuze in seinem Baumstamm um einige zu vermehren. Unmittelbar hinter ihm stand Joseph Brant. »Ich will auch mit!«

Hendrick drehte sich um. »Nun, wir sind beide Mohawk, und wir sind Krieger, nicht wahr?«

Und so marschierten der siebzigjährige Alte und der dreizehnjährige Knabe in Johnsons englischer Armee, um am Lake George gegen die französischen Streitkräfte unter Baron Dieskau zu kämpfen. Als sie nur noch wenige Meilen vom Lager der Franzosen entfernt waren, beschloß Johnson, einen Erkundungstrupp von tausend Mann vorauszuschicken.

»Wenn sie getötet werden, sind es zu viele«, protestierte der alte Hendrick, »und wenn sie kämpfen sollen, zu wenige.«

Trotzdem schickte Johnson den alten Hendrick mit der Vorhut los, während er Joseph bei sich behielt. Der große alte Pine Tree-Häuptling schnitt kein weiteres Kreuz in seinen Baum. Die Abteilung geriet in einen Hinterhalt und wurde fast bis auf den letzten Mann aufgerieben. Mit dem größeren Teil der Truppe besiegte Johnson später die Franzosen. Für seine diplomatische Leistung, die Irokesen als Freiwillige gewonnen zu haben, wurde er vom König geadelt und hieß nun Sir William; dazu erhielt er aus der Schatzkasse eine Belohnung von fünftausend Pfund.

Joseph Brant war ein Junge mit scheinbar widersprüchlichen Charaktereigenschaften. Er war umgänglich wie ein zahmer Waschbär und wild wie ein Wolf. Seine erste Berührung mit dem Krieg brachte seine ungebändigte Natur zum Vorschein. Sir William schickte ihn auf die Indian Charity School in Lebanon in Connecticut – eine Einrichtung, die später, nach New Hampshire verlegt, zum Dartmouth College wurde. Es fiel dem Jungen schwer, sich an die neue Kleidung und die neue Umgebung der Schule zu gewöhnen, wo er Englisch sprechen und schreiben lernen mußte. Aber Reverend Eleazer Wheelock war ein strenger Lehrmeister und Joseph war ein glänzender Schüler. Er saugte das Buchwissen auf wie ein Schwamm und nahm den christlichen Glauben an. Während sich Pontiac im Westen gegen das Vordringen der Briten nach Illinois wehrte, lernte Joseph Brant europäische Geschichte und übersetzte eifrig das anglikanische Gebetbuch und die Apostelgeschichte in die Sprache der Mohawk.

Nach Abschluß der Schule kehrte er ins Mohawk Valley zurück und wurde Sekretär von Sir William Johnson. Der Baron, inzwischen reicher denn je, litt unter dem drohenden Konflikt zwischen den amerikanischen Kolonien und dem englischen Mutterland. Er war rasch gealtert und hatte sein Amt als Kommissar für indianische Angelegenheiten an seinen Neffen, Guy Johnson, abgegeben. Nun saß er in seinem großen Haus und grübelte. »Gehört meine Loyalität und die meiner Verbündeten dem König, der mir so viele Ehren erwiesen hat, oder dem Land, das mich reich gemacht hat?« fragte er Joseph Brant immer wieder. Er starb 1774, ohne zu einer Entscheidung gelangt zu sein.

Diese Entscheidung traf nun Joseph Brant. Im November 1775 fuhr er mit Colonel Guy Johnson nach England. Brant war inzwischen ein gereifter und vielseitig begabter Mann geworden. Als Pine Tree-Häuptling der Irokesen trug er kniehohe Mokassins und eine über die Schulter drapierte Decke. Als Sekretär von Colonel Guy Johnson kleidete er sich mit derselben Selbstverständlichkeit in gestärktes Leinen und feines Tuch.

Dieser gutaussehende, höfliche und gebildete Mohawk-Häuptling erregte am Hof großes Aufsehen. Er wurde bei dem berühmten Boswell zum Tee eingeladen und von Romney, einem der damals bedeutendsten Maler, portraitiert. Als er die Gelegenheit erhielt, vor dem Außenminister Lord George Germaine und anderen einflußreichen Herren zu sprechen, kam er zur Sache:

Brüder, wir haben den großen Teich überquert und sind mit Colonel Johnson, dem Kommissar für unsere Föderation der Sechs Nationen und ihrer Verbündeten, in dieses Königreich gekommen, um unseren Vater, den großen König, zu besuchen und ihn sowie seine weisen Männer im Kronrat gemeinsam von den guten Absichten der Indianer zu unterrichten und von ihrer Treue zu Seiner Majestät und seiner Regierung...
Brüder, ganz besonders die Mohawk haben bei allen Gelegenheiten ihren Einsatz und ihre Loyalität für den großen König bewiesen; doch sie wurden von den Menschen in diesem Land sehr schlecht behandelt. Die Stadt Albany erhebt zu Unrecht Anspruch auf ihr Land...
Wir müssen deshalb Seine Majestät bitten, sich dieser Angelegenheit anzunehmen, die unser großes Volk beunruhigt und die Menschen nicht mehr ruhig in ihren Betten schlafen läßt. Nachdem wir den Untertanen des Königs so viel Land für so wenig überlassen haben, ist es in der Tat hart, wenn sie uns jetzt auf diese Weise um die kleinen Flecken betrügen sollen, die uns geblieben sind, um mit Frauen und Kindern darauf zu leben. Wir sind es leid, uns immer wieder vergeblich zu beschweren. Deshalb hoffen wir, daß die Zusicherungen, die uns der Kommissar jetzt gemacht hat, in die Tat umgesetzt werden, und daß er in der Lage sein wird, für Gerechtigkeit zu sorgen.

Als Brant seine Rede beendet hatte, nickte einer der Herren am Tisch. »Die Mohawk wollen das Land zurück, das sie an den Flüssen Mohawk und Susquehanna verloren haben. Aber diese Revolution der dreizehn Kronkolonien ist nicht auf die leichte Schulter zu nehmen. Allein das Geplänkel im vergangenen Juni auf Charleston Heights oberhalb Bostons – Bunker Hill nennen sie es wohl – war eine scheußliche Sache. Ja, sie bedeutet Krieg. Werden uns die ›Sechs Nationen‹ als Verbündete beistehen?«

Schließlich einigte man sich bei diesem Treffen, daß den Mohawk ihr Land zurückgegeben werden sollte, wenn die Sechs Nationen die britische Regierung im Krieg gegen die aufständischen amerikanischen Kolonien unterstützten.

Nach Amerika zurückgekehrt, spaltete Brant die Irokesen-Liga, indem er die Mohawk, Seneca, Cayuga und Onondage überredete, freiwillig für die Briten zu kämpfen. Die Oneida und die meisten Tuscarora schlossen sich den amerikanischen Streitkräften an.

Brants persönliches Wesen war ebenso gespalten wie die Irokesen und die englischen Kolonisten. Vergessen war die langjährige Einheit der Liga und ebenso seine hingebungsvolle Übersetzung des Evangeliums. Zum britischen Colonel ernannt und mit Feuer und Flamme für die britische Krone eintretend, stürzte er sich mit ungeahnter Wildheit und Grausamkeit in den Revolutionskrieg.

Die entsetzlichen Massaker bei Wyoming und in Cherry Valley, die Angriffe auf Minisink und Oriskany, die rasch ausgeführten Überfälle überall im Mohawk Valley und an der Grenze zwischen den Staaten New York und Pennsylvania trugen ihm den Ruf eines brutalen Gewalttäters ein, sodaß er bei den Siedlern an der Grenze nur noch »Monster Brant« hieß.

Aber er war wie Pontiac auf die Verliererseite geraten. Die amerikanischen Truppen rückten vor und verwüsteten die Dörfer der Irokesen, die englischen Farmen, Obstgärten und Felder. Als die Truppen der englischen Armee, die ihnen General George Washington entgegenschickt hatte, in der Schlacht von Johnstown geschlagen wurden, war der Krieg in Mohawk Valley beendet.

Die hohe Tanne, das Symbol des Bundes der Fünf Nationen, stürzte. Die übriggebliebenen Irokesen beweinten das Ende der Liga:

Hört, ihr, die ihr die Große Liga gegründet habt. Jetzt ist sie alt geworden. Jetzt gibt es nur noch Wildnis. Ihr, die ihr sie gegründet habt, ruht in euren Gräbern. Ihr habt sie zu euch genommen und habt sie unter euch gelegt, und nichts ist übrig geblieben als eine Wüste. Ihr habt eure Gedanken mitgenommen. Ihr habt unter eure Häupter gelegt, was ihr geschaffen habt – die Große Liga.

Die Föderation der Fünf Nationen war nach zweihundert Jahren untergegangen; eine neue Föderation aus dreizehn Kolonien war an ihre Stelle getreten – die Vereinigten Staaten von Amerika. Auch sie trug das Symbol des Adlers auf der Spitze ihrer hehren Ideale von Freiheit und Gerechtigkeit für alle.

Das gefürchtete »Monster Brant« hielt der britischen Krone die Treue. Nach dem Unabhängigkeitskrieg wurde Brant auf Halbsold gesetzt und erhielt von den Engländern auf beiden Seiten des Grand River in Ontario ein sechs Meilen breites Stück Land. Im Jahr 1786 reiste er zum zweiten Mal nach England, wo er von einem engen Freund des Prince of Wales am Hof von St. James eingeführt wurde. Mit einer vor dem Kolonialminister Seiner Majestät beredt vorgetragenen Bitte erreichte er, daß auch den Irokesen, die mit ihm zusammen gekämpft hatten, ein großes Stück Land in Kanada übertragen wurde, das als das Six Nations Reserve bekannt wurde.

Den Rest seines Lebens verbrachte Brant ruhig auf seinem Landsitz und widmete sich wieder der Übersetzung der Bibel in die Mohawk-Sprache. Mit seiner dritten Frau hatte er sieben Kinder. Sein jüngster Sohn wurde Häuptling der Mohawk; seine Tochter Elisabeth heiratete den Enkel von Sir William Johnson.

Sein Grabmal trägt die Inschrift: »Zum Gedenken an Thayendanegea oder Captain Joseph Brant, führender Häuptling
und Krieger der Sechs-Nationen-Indianer – errichtet von
seinen Mituntertanen und Bewunderern seiner Treue und
Liebe zur britischen Krone.«

RED JACKET

In diesem Kapitel findet der Leser eine Rede, die der Sprecher der Seneca, Red Jacket, auf einer Ratsversammlung der
»Sechs Nationen« im Sommer 1805 hielt. Er antwortete
damit einem Missionar, der den Stamm der Seneca zum
Christentum bekehren wollte.

Red Jacket, damals ein Häuptling des Wolf-Clans, wurde
1756 in Canoga im Staat New York geboren. Sein erster
Name war Otetiani, »Der gerüstet ist«, doch als er Häuptling
wurde, nahm er den Namen Sagoyewatha an, »Der sie wach
macht«. Bekannter war er jedoch als Red Jacket, benannt
nach dem scharlachroten Soldatenrock, den ihm die Briten
gegeben hatten, als er während des Amerikanischen Unab-
hängigkeitskrieges auf ihrer Seite kämpfte.

Nach dem Krieg wurde Red Jacket eine ziemlich bedeu-
tende Figur bei den Seneca. Mit neunundvierzig anderen
Häuptlingen der Irokesen-Liga reiste er 1792 auf Einladung
nach Philadelphia zu einem Treffen mit George Washington. Als 1812 der Zweite Unabhängigkeitskrieg zwischen
England und Amerika ausbrach, kämpfte Red Jacket als Ver-
bündeter der Amerikaner in mehreren Gefechten an deren
Seite gegen die Briten.

Unabhängig davon wehrte er sich jedoch Zeit seines
Lebens gegen das unberechtigte Eindringen der Weißen, ob
Engländer oder Amerikaner, in das Leben und das Land der
Indianer. Nach 1815 nützte er seine beträchtlichen politischen
und rednerischen Fähigkeiten und forderte beharrlich die Ver-
treibung der Weißen von indianischem Land. Im Jahr 1821
brachte er das Parlament des Staates New York dazu, ein
Gesetz zum Schutz des Reservationslandes zu verabschieden.

Während seiner letzten Lebensjahre verfiel Red Jacket
zunehmend dem Alkohol. Seine Trunksucht sowie seine

starren politischen Ansichten führten dazu, daß er 1827 als Häuptling abgesetzt wurde und seinen Sitz im Irokesen-Rat verlor. Später wurde ihm seine Häuptlingswürde zurückgegeben, zumTeil dank der Bemühungen der US-Behörden für indianische Angelegenheiten. Bald danach, am 20. Januar 1830, starb der berühmteste Redner in der Geschichte der Seneca in Seneca Village im Staat New York.

»Freund und Bruder, es war der Wille des Großen Geistes, daß wir heute zusammenkommen. Er befiehlt alle Dinge und hat uns einen schönen Tag für unsere Ratsversammlung geschenkt. Er hat sein Gewand von der Sonne genommen, damit sie hell auf uns niederscheint. Unsere Augen sind offen, sodaß wir klar sehen; unsere Ohren sind nicht verstopft, so daß wir die Worte, die du gesprochen hast, deutlich hören konnten. Für alle diese Wohltaten danken wir dem Großen Geist, und Ihm allein.

Bruder, dieses Ratsfeuer wurde von dir entzündet. Auf deine Bitte hin kamen wir heute zusammen. Wir haben dir aufmerksam zugehört. Du hast uns gebeten, offen unsere Meinung zu sagen. Das freut uns sehr, denn nun haben wir das Gefühl, daß wir aufrecht vor dir stehen und sagen können, was wir denken. Alle haben deine Stimme vernommen, und alle sprechen jetzt zu dir wie ein Mann. Wir sind einer Meinung...

Bruder, höre, was wir sagen. Es gab eine Zeit, als diese große Insel unseren Vorvätern gehörte. Ihr Land erstreckte sich von der aufgehenden bis zur untergehenden Sonne. Der Große Geist hat es für die Indianer geschaffen. Er schuf den Büffel, das Wild und all die anderen Tiere für unsere Ernährung. Er schuf den Bären und den Biber, deren Felle uns als Kleidung dienen. Er ließ die Erde Mais hervorbringen, damit wir Brot haben. Das alles hat er für Seine roten Kinder getan, weil Er sie liebte. Wenn es manchmal Streitigkeiten gab wegen unserer Jagdgründe, wurden sie meist ohne viel Blutvergießen geschlichtet.

Aber dann kam ein schlimmer Tag für uns. Deine Vorväter überquerten das Große Wasser und landeten auf dieser

Insel. Es waren wenige an der Zahl. Sie fanden Freunde vor und keine Feinde. Sie erzählten uns, daß sie aus ihrem eigenen Land vor bösen Menschen geflohen waren und daß sie gekommen waren, um hier nach ihrer Religion leben zu können. Sie baten um ein kleines Stück Land. Wir hatten Mitleid mit ihnen und gewährten ihnen die Bitte, und sie ließen sich bei uns nieder. Wir gaben ihnen Mais und Fleisch. Sie vergalten es uns mit Gift…

Sie wollten mehr Land. Sie wollten unser Land. Unsere Augen waren offen, und unsere Herzen füllten sich mit Sorge. Es gab Kriege. Indianer wurden gekauft, um gegen Indianer zu kämpfen, und viele aus unserem Volk wurden getötet. Sie brachten uns auch den Schnaps. Er war stark und mächtig und hat Tausende umgebracht… Ihr habt unser Land, aber ihr seid nicht zufrieden. Ihr wollt uns auch eure Religion aufzwingen.

Bruder, hör mir weiter zu. Du sagst… wenn wir die Religion nicht annehmen, die ihr Weißen lehrt, werden wir im Jenseits unglücklich sein. Woher sollen wir wissen, ob das wahr ist? Wie wir hören, steht eure Religion in einem Buch geschrieben. Wenn sie für uns bestimmt gewesen wäre so wie für euch, warum hat der Große Geist nicht auch unseren Vorvätern das Wissen des Buches gegeben und die Mittel, um es richtig zu verstehen? Wir wissen nur, was ihr uns darüber sagt. Wie sollen wir wissen, wann wir euch glauben können, nachdem uns die Weißen so oft betrogen haben?

Bruder, du sagst, es gibt nur einen Weg, um den Großen Geist zu verehren und Ihm zu dienen. Wenn es nur eine Religion gibt, warum seid ihr Weißen dann so verschiedener Meinung darüber? Warum stimmen nicht alle überein, obwohl ihr alle das Buch lesen könnt?

Bruder… Man hat uns gesagt, deine Religion wurde deinen Vorvätern gegeben und weitergereicht von Vater zu Sohn. Wir haben auch eine Religion, die von unseren Vorvätern an uns, ihre Kinder, weitergereicht wurde. Wir beten auf diese Weise. Unsere Religion lehrt uns, dankbar zu sein für alle Wohltaten, die wir empfangen, einander zu lieben und einig zu sein. Wir streiten nie über Religion.

Bruder, der Große Geist schuf uns alle, aber Er hat einen großen Unterschied zwischen Seinen weißen und Seinen roten Kindern gemacht. Er hat uns eine andere Hautfarbe und andere Bräuche gegeben... Warum können wir daraus nicht schließen, daß er uns auch eine andere Religion gegeben hat? Der Große Geist weiß, was für uns, Seine Kinder, am besten ist. Wir sind zufrieden.

Bruder, wir wollen eure Religion nicht vernichten, und wir wollen sie euch nicht wegnehmen. Wir wollen nur nach unserer eigenen Religion leben.

Bruder, du sagst, ihr seid nicht gekommen, um unser Land oder unser Geld zu nehmen, sondern um unsere Seelen zu erleuchten. Ich will dir sagen, daß ich auf euren Versammlungen gewesen bin und gesehen habe, daß ihr bei eurem Gottesdienst Geld einsammelt...

Bruder, man hat uns gesagt, daß du vor den Weißen hier am Ort gepredigt hast. Diese Leute sind unsere Nachbarn. Wir kennen sie. Wir wollen ein Weilchen warten und sehen, welche Wirkung deine Predigt auf sie hat. Wenn wir feststellen, daß sie ihnen guttut, daß sie ehrlich werden und weniger darauf aus sind, Indianer zu betrügen, werden wir über das, was du gesagt hast, noch einmal nachdenken.

Bruder, du hast unsere Antwort auf deine Rede gehört, und das ist alles, was wir im Augenblick zu sagen haben. Weil wir jetzt auseinandergehen, werden wir zu dir kommen und dir die Hand geben in der Hoffnung, daß dich der Große Geist auf deiner Reise beschützen wird und du sicher zu deinen Freunden zurückkehrst.«

TECUMSEH

Tecumseh hieß in der Sprache der Shawnee »Sternschnuppe« – und wie eine Sternschnuppe tauchte er aus dem Dunkel auf und zog eine leuchtende Bahn über den Himmel, die keine Spur hinterließ außer der Erinnerung. Er war zweifellos der größte indianische Führer, Staatsmann und Redner in der Geschichte seines Landes. Sein geschworener Feind, William Henry Harrison, Brigadegeneral, Territoriumsgouverneur und neunter Präsident der Vereinigten Staaten, schrieb über ihn: »Er ist einer jener ungewöhnlichen Geister, die die Erde hin und wieder hervorbringt, um Revolutionen herbeizuführen und die bestehende Ordnung der Dinge umzustürzen.« Harrison befürchtete in der Tat, daß Tecumseh innerhalb der Vereinigten Staaten eine großes indianisches Reich gründen könnte. Und genau dies versuchte Tecumseh.

Er wurde 1768 in Chillicotte geboren, einer größeren Shawnee-Siedlung am Little Miami River, drei Meilen nördlich der heutigen Stadt Xenia im Staat Ohio. Tecumseh wurde von einem älteren Bruder betreut, bis dieser im Kampf für sein Land starb. Ein zweiter Bruder starb an der Seite Tecumsehs, als sie unter dem Miami-Häuptling Little Turtle gegen die neuen Amerikaner kämpften.

Sein dritter Bruder war kein Krieger, sondern ein Seher, von dem es hieß, daß er eine Vision der Geisterwelt hatte. Die Shawnee nannten ihn Tenskwatawa, »Der Prophet«. Eine seiner unheilvollen Visionen verkündete er in einer bewegenden Rede:

Hört mich an, betrogenes Volk, zum letzten Mal! Dieses weite Land war einst euer Erbe; aber kein jubelnder Kriegsruf ist mehr zu hören an den Gestaden des majestätischen Hudson oder an den lieblichen Ufern des silbernen Mohawk.

Die Stämme im Osten sind längst verschwunden – sogar die Wälder, die ihnen Schutz boten, sind gefällt; und von unserem Volk bleibt kaum eine Spur bis auf den einen oder anderen indianischen Namen für einen Fluß oder ein Dorf. Und das wird bald auch das Schicksal unserer Stämme sein; sie werden den gleichen Weg gehen wie ihre Brüder.

Wie ein Nebel werden sie vom Antlitz der Erde verschwinden; ihre Geschichte wird in Vergessenheit geraten; und an den Orten, wo man sie gekannt hat, wird man sie nicht mehr kennen. Wir werden zurückgetrieben, bis wir nicht weiter zurückkönnen. Unsere Kriegsbeile sind zertrümmert, unsere Bogen zerbrochen, unsere Feuer ausgelöscht. Nicht mehr lange, und der weiße Mann wird aufhören, uns zu verfolgen, denn wir werden aufhören zu sein.

Tecumseh haßte die Weißen nicht wie viele seiner Shawnee-Krieger. Er befahl seinen Kriegern eindringlich:»Ihr dürft keinen weißen Gefangenen foltern. Sind wir denn Wilde, die nicht mehr Herrschaft über sich haben als wilde Tiere? Nein. Wir sind ein stolzes Volk, das für das Land seiner Väter kämpft. Darum laßt uns wie Männer kämpfen. Laßt uns diese Amerikaner töten, die kommen, um uns zu töten und uns das Land zu nehmen. Aber ich sage euch: Foltert eure Gefangenen nicht!« Er selbst hielt über viele weiße Familien seine schützende Hand.

Tecumsehs Intelligenz und Gesinnung war über alle persönlichen Gefühle erhaben – und darin bestand seine Größe. Er erkannte die ungeheure Krise, in der sein Volk sich befand, aber er sah auch eine mögliche Zukunft.

Präsident Jeffersons Expansionspolitik für die rasch wachsenden Vereinigten Staaten bestand darin, die indianischen Stämme auszurotten und das Territorium jedes vernichteten Stammes als amerikanisches Hoheitsgebiet zu beanspruchen. Jefferson hatte die Indianeragenten indirekt angewiesen, die »treaty chiefs«, die verhandelnden Häuptlinge der Stämme, zum Schuldenmachen zu verleiten und auf diese Weise zu zwingen, Land zu verkaufen, das nicht ihnen, sondern ihren Stämmen gehörte. »Um die Bereitschaft zu fördern, mit

Land zu bezahlen, das sie erübrigen können und das wir brauchen, werden wir es begrüßen, wenn sich die guten und einflußreichen Indianer unter ihnen verschulden; denn wir beobachten, daß sie sich ihrer Schulden bereitwillig durch eine Landabtretung entledigen, sobald ihre Zahlungsfähigkeit überschritten ist.«

Tecumseh wußte, das William Henry Harrison, seit 1800 Gouverner des neuen Territoriums Indiana, die Politik des Präsidenten voll und ganz unterstützte. Bald nach seiner Amtsübernahme stellte Harrison fest, daß im ganzen Tal des Wabash nur noch schätzungsweise sechshundert indianische Krieger lebten, die jedoch pro Jahr bis zu sechstausend Gallonen Whiskey tranken, obwohl nach dem Gesetz kein Whiskey an sie verkauft werden durfte. Ohne zu zögern nutzte er seinen Vorteil gegenüber diesem »verkommensten Gesindel auf Erden« und sorgte dafür, daß die bis über den Kopf verschuldeten, vom Whiskey trunkenen »treaty chiefs« von fünf Stämmen im Jahr 1804 Verträge unterzeichneten, in denen sie ihr Land, soweit der Wabash River reichte, aufgaben.

Tecumseh war schockiert. Diese »Whiskeyverträge« verletzten den Vertrag von Greenville, der 1795 in Ohio geschlossen worden war und in dem die Vereinigten Staaten den Stämmen als einem einzigen Volk das ganze Land des Ohio-Tals garantiert hatten, das nicht bereits auf besondere Weise an Weiße abgegeben worden war.

Tecumseh und sein Bruder Tenskwatawa errichteten nun am Wabash an der Mündung des Tippecanoe Creek ein Musterdorf mit zahlreichen Stämmen, um weitere Übergriffe zu verhindern. Es kamen die Shawnee, die Wyandot, Ottawa, Kickapoo, die nach Pontiacs Niederlage nach Westen fliehenden Ojibwa und die bereits zum vierten Mal umziehenden Delawaren. Whiskey war verboten; es wurde keine amerikanische Kleidung und keine Handelsware gekauft, und indianische Frauen sollten keinen Weißen heiraten. Die Menschen sollten nach ihren eigenen Bräuchen leben und ihre eigenen Rituale ausüben.

Aber die weißen Amerikaner kamen trotzdem. Indiana zahlte inzwischen für jeden Indianerskalp eine Belohnung von fünfzig Dollar, und viele Indianer wurden von skrupellosen Skalpjägern erschossen.

Nachdem Tecumseh die Grundlage für eine Stammesallianz geschaffen hatte, begann er mit der Organisation dieses Bündnisses. Was ihm vorschwebte, war wesentlich mehr als ein Zusammenschluß von Dörfern und Stämmen innerhalb eines Gebietes wie die Stammesunion von Pontiac im Gebiet der Großen Seen, die Powhatan-Föderation oder sogar die mächtige Irokesen-Liga. Er träumte von einem mächtigen Indianerreich, einer pan-indianischen Föderation aller Stämme im Westen und Süden, um der Ausbreitung der »weißen« Vereinigten Staaten jenseits des Ohio für immer einen Riegel vorzuschieben.

Er überließ seinem Bruder Tenskwatawa die Leitung des Dorfs und reiste nach Norden an den Oberlauf des Missouri. Er reiste entlang des Ohio nach Osten und den Mississippi hinunter nach Süden. Jedem Stammesrat trug er sein leidenschaftliches Anliegen vor:

Tun wir uns zusammen wie Brüder, wie Söhne unserer einen Mutter Erde. Das Land unserer Vorfahren ist immer noch unser Land. Wir werden alles behalten, was übrig ist. Der Ohio wird unsere Grenze sein. Über diese Grenze sollen die Weißen nicht hinausgehen.

So lautete die schlichte Botschaft am Ende seiner langen und mitreißenden Reden. Er war eine großartige Erscheinung, wenn er in seinen fransenbesetzten Wildlederhosen ruhig und selbstsicher vor die Versammlung trat. Er hielt sich nicht wie ein Weißer, der – Bauch rein, Brust raus –, mit hochgezogenen Schultern dasteht wie jemand, dessen Schwerpunkt im Kopf liegt, sondern so, wie eben ein Indianer steht – die Beine leicht gespreizt, die Füße fest auf der Erde, entspannt, mit lockeren Schultern, hängenden Armen und leicht vorgestrecktem Bauch –, dessen Schwerpunkt in der unteren Körperhälfte liegt und ihn eng mit der Erde und der Natur

73

verbindet. Seine Zuhörer konnten fühlen, daß seine Kraft aus der Erde kam, durch seinen Körper floß und den Schall seiner tiefen Stimme zu ihnen trug.

»Unser Land verkaufen!« rief er mit donnernder Stimmer. »Warum nicht auch die Luft, die Wolken und das Meer? Hat nicht der Große Geist dies alles gemacht zum Nutzen seiner Kinder?«

Als sich Tecumsehs Ruhm verbreitete, drang die Nachricht von seinen Aktivitäten auch zu Harrison. Um Tecumseh entgegenzuwirken, schloß Harrison im Jahr 1809 neue Verträge mit elf Stämmen ab, die entlang einer Strecke von einhundertsechzig Kilometern zu beiden Seiten des Wabash River insgesamt 1,2 Millionen Hektar Land abgaben.

Damit war ein Treffen zwischen Harrison und Tecumseh unumgänglich geworden. Beide erkannten im anderen einen Führer, mit dem zu rechnen war – und einen tödlichen Feind. Vincennes, die Hauptstadt des Territoriums, lag nur zweihundertvierzig Kilometer südlich des Dorfs am Tippecanoe. Tecumseh unternahm mehrere Reisen dorthin, um gegen den Verkauf von Indianerland zu protestieren.

Geduldig erklärte er, daß das Land für alle Indianer etwas Lebendiges, daß es ihre Mutter sei: »Der Große Geist schuf die Erde und alle, die sie ernährt – Pflanzen, Vögel und Landtiere –, zum Wohl aller Menschen und nicht zum Vorteil einiger weniger. Was immer auf dem Land lebt, was aus der Erde wächst, und was sich regt in den Flüssen und Gewässern, ist allen gemeinsam gegeben, und jeder hat das Recht auf seinen Anteil. Land kann nicht verkauft werden.«

Nichts anderes hatten die Weißen seit der Ankunft der Engländer vor nahezu zweihundert Jahren von den Indianern gehört. Doch Harrison akzeptierte es nicht. Er hatte den ausdrücklichen Auftrag, mit Indianern »über Grenzfragen oder Land zu verhandeln« mit dem Ziel, den Bereich der nationalen Hoheitsgewalt zu erweitern.

Aber Tecumseh führte auch juristische Gründe an. »Die Landverträge, die 1804 geschlossen wurden, und die, die du jetzt geschlossen hast, sind ungültig«, sagte er zu Harrison.

74

»Die Regierung der Vereinigten Staaten hat nicht das Recht, von einem einzelnen Stamm Land zu kaufen. Nach dem Vertrag von Greenville gilt der Grundsatz, daß Landabtretungen nur dann gültig sind, wenn sie nicht von einzelnen Stämmen, sondern von allen gemeinsam getätigt werden.«

»Ich kenne diesen Vertrag, obwohl er auf einem zwei Meter langen und einem Meter breiten Stück Pergament geschrieben ist, und ich sage dir, daß ich Land von elf Stämmen gekauft habe«, erwiderte Harrison, entschlossen, die Bestimmungen des Vertrages die die Interessen der Indianer schützen sollten, zu untergraben.

»Von Stämmen, die einzeln gehandelt haben, nicht gemeinsam«, beharrte Tecumseh, »und ohne die Shawnee, die an dem Handel nicht beteiligt waren und die immer noch das Recht auf Inanspruchnahme des Landes haben.«

»Das Recht auf Inanspruchnahme! Was ist das, wenn wir das Land gekauft haben?« rief Harrison zornig.

Dieses traditionelle indianische »Recht auf Inanspruchnahme« erklärte Tecumseh auf einer Ratsversammlung in Vincennes am 12. August 1810 in einer förmlich an Gouverneur Harrison gerichteten Rede.

Rede von Tecumseh vor Gouverneur Harrison
Gehalten auf der Ratsversammlung in Vincennes,
Indiana, am 12. August 1810

»Es ist richtig, daß ich ein Shawnee bin. Meine Vorfahren waren Krieger. Ihr Sohn ist ein Krieger. Von ihnen allein nehme ich mein Dasein; von meinem Stamm nehme ich nichts. Ich bin der Schöpfer meines eigenen Geschicks; und oh! könnte ich doch auch das meines roten Volkes und meines Landes so groß machen, wie ich mir das vorstelle, wenn ich an den Geist denke, der das Universum regiert. Ich würde dann nicht zu Gouverneur Harrison kommen, um ihn zu bitten, den Vertrag zu zerreißen und die Grenzzeichen zu beseitigen, sondern ich würde zu ihm sagen: ›Sir, Ihr dürft in Euer eigenes Land zurückkehren.‹

Das Innere Wesen, das mit den früheren Generationen spricht, sagt mir, daß es einst, bis vor gar nicht so langer Zeit, keinen weißen Mann auf diesem Kontinent gab; daß er damals nur den roten Männern gehörte, den Kindern der Eltern, die der Große Geist schuf. Sie wurden auf diesem Kontinent geboren um ihn zu behalten, zu durchqueren, zu genießen, was er hervorbringt, und um ihn zu füllen mit demselben Menschenschlag, mit einst glücklichen Menschen, die elend wurden durch die Weißen, welche nie zufrieden sind, sondern immer mehr haben wollen. Um dieses Unheil aufzuhalten und zu beenden, gibt es nur einen einzigen Weg. Alle roten Männer müssen vereint ein allgemeines und gleiches Recht auf das Land fordern, wie es anfangs war und noch jetzt sein sollte; denn es war nie geteilt, sondern gehört allen zum Nutzen eines jeden.

Keiner, der daran teil hat, hat das Recht, es zu verkaufen – nicht untereinander und noch weniger an Fremde, an jene, die alles wollen und sich nicht mit weniger begnügen werden.

Die Weißen haben kein Recht, den Indianern das Land zu nehmen, weil sie es zuerst hatten; es gehört ihnen. Sie können es verkaufen, aber sie müssen es gemeinsam tun. Jeder Verkauf, der nicht von allen beschlossen wurde, ist ungültig. Der jüngste Verkauf ist schlecht. Er wurde nur von einem Teil von uns getätigt. Ein Teil weiß nicht, wie man verkauft. Es müssen alle dabei sein, wenn für alle ein gutes Geschäft gemacht werden soll. Alle roten Männer haben gleiche Rechte auf das unbewohnte Land. Das Recht der Inanspruchnahme gilt an einem Ort genauso wie an einem anderen. Zwei Inanspruchnahmen am selben Ort kann es nicht geben. Das erste schließt alle anderen aus. Sie bezieht sich nicht auf die Jagd oder die Durchreise; denn hier dient dasselbe Land vielen, die jeden Tag kommen und gehen können. Aber das Lager ist ortsfest, und das ist Inanspruchnahme. Dieses Recht steht demjenigen zu, der sich als erster auf seine Decke oder seine Felle setzt, die er auf dem

Boden gebreitet hat; und solange er bleibt, hat kein anderer ein Recht auf das in Anspruch genommene Land.

»Es gibt nur eine Möglichkeit, um dieses Übel abzustellen«, schloß Tecumseh. »Alle roten Männer müssen sich zusammentun und ein allgemeines und gleiches Recht auf unser Land beanspruchen. Ich werde nicht ruhen, solange das nicht erreicht ist.«

Daraufhin hüllte er sich in seine Decke und verließ mit seinen fünfundsiebzig Kriegern den Rat.

Nun reiste Tecumseh weiter nach Süden, um die Creek, Choctaw und Chickasaw für seine große Allianz zu gewinnen. Gouverneur Harrison hatte inzwischen eigene Sorgen. Seit der Wahl von Präsident Madison hatte er seine Popularität eingebüßt. Die Weißen im Territorium verlangten lautstark nach dem reichen Land am Wabash, das Harrison zwar durch Verträge mit den Indianern erworben hatte, aber das von Tecumseh nach dem »Recht der Inanspruchnahme« nicht freigegeben wurde. Was Harrison brauchte, um sich wieder beliebt zu machen, war eine militärische Großtat, selbst auf die Gefahr hin, dadurch einen Krieg auszulösen, wie er offen zugab.

Während sich Tecumseh in Florida aufhielt, bot sich schließlich die Gelegenheit, auf die Harrison gewartet hatte. In dem Dorf am Tippecanoe kam es zu einem unwesentlichen Zwist zwischen Indianern und benachbarten weißen Siedlern, woraufhin Harrison mit einer neunhundert Mann starken Truppe anrückte.

Tenskwatawa, Der Prophet, war kein Krieger und geriet in Panik. Statt durch Verhandlungen Zeit zu gewinnen, bis Tecumseh zurück war, befahl er einen übereilten Angriff. Für Harrison erfüllte die Schlacht von Tippecanoe, so klein sie auch war, ihren Zweck. Er ließ das Dorf abreißen, sein militärisches Ansehen war wiederhergestellt, und seine Beliebtheit hatte in solchem Maß zugenommen, daß er wenige Jahre später zum Präsidenten gewählt wurde mit John Tyler als Vizepräsident. Sein Wahlslogan lautete: »Tippecanoe und Tyler dazu.«

Tecumseh kehrte zu seinen Leuten zurück, die versprengt und desillusioniert waren, denn sie hatten Dem Propheten geglaubt, daß die Kugeln der weißen Männer unschädlich gemacht würden. Es war das Ende von Tecumsehs großer Allianz, seiner Hoffnung und seinem Traum.

Wenige Monate später brach der zweite Krieg zwischen Engländern und Amerikanern aus – der Krieg von 1812. Harrison, dessen Amtsperiode als Gouverneur abgelaufen war, wurde Brigadegeneral in der Armee der Vereinigten Staaten.

Tecumseh führte seine Krieger nach Kanada und trat freiwillig in den Dienst der britischen Streitkräfte. Er erhielt das Kommando über zweitausend Krieger der verbündeten Stämme, mit denen er in vier größeren Schlachten gegen die Amerikaner kämpfte – bei Frenchtown, am Raisin, bei Fort Meigs und Fort Stephenson. Aber es nützte nichts. Wie Pontiac hatte er die Verliererseite gewählt.

Die entscheidende Schlacht wurde am Eriesee von den Amerikanern gewonnen. Die Briten zogen sich unter Generalmajor Henry A. Proctor zurück. Tecumseh deckte mit seinen indianischen Truppen Proctors Rückzug. Als die britische Armee im Schutz von Tecumseh immer weiter vor den nachdrängenden Amerikanern zurückwich, machte Tecumseh schließlich am Thames River in Ontario halt. Er bestand darauf, daß sich Proctor dem Kampf stellte. Die zwei Armeen standen sich kampfbereit gegenüber – die Amerikaner unter dem Kommando von Tecumsehs altem Feind Harrison.

An jenem Nachmittag hielt Tecumseh vor einer Versammlung britischer Offiziere und indianischer Häuptlinge seine letzte Rede »im Namen der indianischen Häuptlinge und Krieger an Generalmajor Proctor als Vertreter ihres Großen Vaters, des Königs«:

Vater, höre deine Kinder! Du hast sie nun alle vor dir … Höre! Als der Krieg erklärt wurde, war unser Vater dafür und hat uns den Tomahawk gegeben, und er sagte uns, daß er bereit sei, die Amerikaner zu schlagen; daß er unsere Hilfe wolle, und daß wir mit Sicherheit unser Land wiederbekommen würden, das uns die Amerikaner genommen haben …

Du hast uns immer gesagt, du würdest hierbleiben und für uns sorgen. Es hat uns froh gemacht zu hören, daß dies dein Wunsch war. Unser Vater, der König, ist das Oberhaupt, und du bist sein Stellvertreter. Du hast uns gesagt, du würdest nie deinen Fuß von britischem Boden nehmen; aber, Vater, wir sehen, daß du zurückweichst … Wir müssen das Benehmen unseres Vaters mit einem fetten Tier vergleichen, das den Schwanz auf dem Rücken trägt, ihn aber zwischen die Beine klemmt und davonläuft, wenn es sich fürchtet …

Vater! Du hast die Waffen und die Munition, die unser Großer Vater seinen roten Kindern sandte. Wenn du daran denkst fortzugehen, dann gib sie uns, und du kannst meinetwegen gehen. Unser Leben ist in den Händen des Großen Geistes. Wir sind entschlossen, unser Land zu verteidigen, und wenn es Sein Wille ist, lassen wir gern unsere Knochen darauf zurück.

In jener Nacht vor der Schlacht hielt sich Tecumseh in seinem Zelt auf. Er trug sein übliches Hemd, Beinlinge und Mokassins aus Wildleder sowie eine große silberne Brosche. In Gedanken an seinen Vater und seine zwei Brüder, die für ihr Land gestorben waren, wartete er geduldig auf den Morgen. Er war fünfundvierzig Jahre alt.

Doch was am nächsten Tag mit ihm geschah, weiß niemand. Britische, amerikanische und indianische Soldaten sagten, daß sich Tecumseh an der Spitze seiner Krieger befand, als die Schlacht begann, die ein vollständiger Sieg für General Harrison wurde. Es hieß, Tecumsehs Krieger hätten seinen Leichnam weggebracht und versteckt, damit er vom Feind nicht verstümmelt würde. Andere behaupteten, er sei gar nicht getötet worden, sondern würde immer noch leben und umherwandern, um sein Volk zum Kampf für das Land zu ermutigen. Wieder andere glaubten, er sei fortgezaubert worden vom Großen Geist allen Lebens, dem er so wortgewaltig Ausdruck verliehen hatte.

Er verschwand wie alle Sternschnuppen, ohne eine Spur zu hinterlassen.

BLACK HAWK

Diese Geschichte erzählt von einem Habicht, dem auf heimtückische Weise die Schwingen gestutzt wurden, und dessen Stolz zerbrach, als er stürzte. Der Black Hawk War, ein Krieg, der kaum ein Vierteljahr dauerte, wurde nach ihm benannt. Black Hawk war ein gutaussehender Mann. An jenem Tag saß er im Rat der Sauk und Fox am Illinois-Ufer des Mississippi. Er war bereits über sechzig Jahre alt, aber sein Körper war schlank und rank. Sein raubvogelähnliches Gesicht mit der langen Nase, den glänzenden dunklen Augen und dem festen Mund verlieh im das imponierende Aussehen eines Häuptlings. Sein Kopf mit der hohen Stirn war kahl geschoren bis auf die Skalplocke, daran erkannte man, daß er ein Krieger war. Ruhig hörte er dem Sprecher zu, der ihm gegenüber saß, aber die Ratsmitglieder rings um ihn wußten, daß er nur darauf wartete, die Argumente dieses Sprechers zu zerpflücken.

Seit seinem fünfzehnten Lebensjahr, als er seinen ersten Mann skalpiert hatte, war Black Hawk ein Kämpfer. Er hatte feindliche Stämme überfallen und war stets mit vielen Skalps zurückgekehrt. Als sein Vater bei einem dieser Kämpfe getötet wurde, hielt sich Black Hawk, der Mitglied des Thunder Clan der Sauk und Sohn eines Häuptlings war, fünf Jahre von allen kriegerischen Handlungen fern und betete um Belehrung. Anschließend zerstörte er an der Spitze einer Gruppe von Kriegern, die sich auf dem Kriegspfad befanden, ein Osage-Lager mit vierzig Blockhäusern und tötete eigenhändig neun feindliche Krieger. Bei einem anderen Überfall auf die Cherokee fand er im Lager nur noch vier Männer und eine Frau vor. Die Frau nahm er als Gefangene mit, doch die Männer ließ er laufen, weil er es für unehrenhaft hielt, so wenige zu töten. Später kämpfte er mit den Briten im Krieg von 1812 gegen die Amerikaner. Es war also nicht verwunderlich, daß die Männer im Rat öfter zu ihm hinsahen als zu dem, der seit über einer Stunde sprach.

»Die Zeiten ändern sich, und wir müssen uns mit ihnen ändern«, sagte Keokuk. »Mit dem Vertrag, den wir 1804 in St. Louis unterzeichnet haben, erklärten wir uns bereit, der Regierung unser ganzes Land östlich des Mississippi zu überlassen, sobald die weißen Siedler unser Land erreichen würden. Nun sind sie da. Deshalb sage ich, daß wir, so wie es vereinbart war, in das Land westlich des Mississippi ziehen müssen, um einen Krieg zu vermeiden.«

Keokuk, ein dicklicher Mann mit groben Zügen, war etliche Jahre jünger als Black Hawk. Er war ein Sauk des Fox Clan und schlau wie ein Fuchs. Black Hawk, der ihn aufmerksam beobachtete, fragte sich, wie es diesem Mann gelungen war, in den Rat zu kommen. Keokuk war nicht Häuptling von Geburt; doch mit seinen geschickten Intrigen wiegte er die anderen in dem Glauben, er sei ein mächtiger Mann. Als Gastgeber des Stammes bewirtete er Besucher in seiner Hütte, spielte Parteien der Sauk und Fox gegeneinander aus und pflegte die Freundschaft mit den zuwandernden Amerikanern in der Hoffnung, sie würden in ihm den Häuptling sehen.

»Wir sind ehrenhafte Männer«, schloß Keokuk. »Ist hier einer, der nicht selbst im Jahr 1816 den Vertrag bestätigt hat?«

Black Hawk stand auf. »Was redest du von Ehre? Ich habe den Gänsekiel bei diesem Vertrag berührt, das ist wahr – aber ohne zu wissen, daß ich damit mein eigenes Dorf Saukenuk, unser Land am Rock River und unser ganzes Stammesland in Illinois und Wisconsin hergeben würde. Wenn mir das jemand erklärt hätte, dann hätte ich nicht zugestimmt.

Was wissen wir denn von den Gesetzen und Bräuchen der Weißen? Sie könnten unsere Leiber kaufen, um sie zu zerschneiden, und wir würden den Gänsekiel berühren und den Kauf bestätigen, ohne zu wissen, was wir tun.«

»Du hast unterzeichnet!« warf Keokuk ein.

Black Hawk fuhr fort:»Mein Verstand sagt mir, daß Land nicht verkauft werden kann. Der Große Geist hat es seinen Kindern gegeben, damit sie darauf leben. Solange sie es beanspruchen und bebauen, haben sie ein Recht auf den Boden. Verkaufen kann man nur Dinge, die man forttragen kann. Die Sauk und Fox werden auf ihrem Land bleiben.«

»Das werden sie nicht!« schrie Keokuk und sprang auf. »Sie werden mit mir über den Großen Fluß ziehen!«

So begann der Streit zwischen Black Hawk und Keokuk, der die Stämme der Sauk und Fox spaltete. Im Jahr 1820 zog Keokuk, der Freund der Weißen, mit seinen Anhängern über den Mississippi nach Iowa. Black Hawk blieb mit seinen Leuten in seinem Heimatdorf Saukenuk. Es lag oberhalb der Mündung des Rock River in den Mississippi, an der Stelle des heutigen Rock Island in Illinois. Der Boden war fruchtbar, der Fluß lieferte den Fisch, den sie brauchten, und der englische Händler am Ort, George Davenport, war sehr freundlich.

»Ihr solltet lieber auch mit Keokuk nach Iowa gehen«, riet er Black Hawk.

Das machte Black Hawk besorgt. Er fuhr im Kanu den Rock River hinauf, um bei zwei Freunden Rat zu suchen. Einer war White Cloud, den einige einen Propheten nannten. Er war halb Winnebago, halb Sauk, einen Meter achtzig groß, dick, und wirkte stets sehr finster. Er rauchte eine Pfeife mit einem zwei Fuß langen Stiel, und im Gegensatz zu den meisten Indianern trug er einen schwarzen Schnurrbart. Der andere war Neipope, der den Spitznamen »Die Brühe« hatte und als schlau, gerissen und hinterlistig galt. Beide versprachen Black Hawk, daß ihm die Potawatomi und Winnebago helfen würden, sein Heimatland zu verteidigen.

»Was soll ein Mann tun, wenn ihm seine Freunde unterschiedliche Ratschläge geben?« fragte sich Black Hawk.

Das Problem löste sich von selbst, als er herausfand, daß der Händler Davenport den Grund von Saukenuk gekauft hatte und nun den Boden besaß, auf dem seine eigene Hütte stand. Neue Siedler kamen und nahmen das Farmland rings um das Dorf. Zu allem Übel zog auch noch eine Bande der Menomini von Norden heran, um den Tod einiger ihrer Leute durch Sauk- und Fox-Krieger zu rächen. Und dann erfuhr Black Hawk, daß der Gouverneur von Illinois, John Reynolds, Milizsoldaten gegen sein Dorf in Marsch gesetzt hatte.

Black Hawk zog sich mit seinem Volk über den Mississippi zurück und überließ es den Soldaten, alle Hütten von Saukenuk zu verbrennen. Aber er feuerte sein Volk mit schneidenden Worten an: »Seht euch an! Ein heimatloses Volk! Wollt ihr mit Keokuks Bande hier bleiben als Vertriebene? Wollt ihr eure Heimat kampflos aufgeben? Die Winnebago und Potawatomi werden uns helfen, unser Land zurückzugewinnen!«

Rund zweitausend Männer, Frauen und Kinder scharten sich um ihn. Anfang April 1832 überquerte er den Mississippi und zog den Rock River hinauf. Hier erfuhr er, daß ihn Neipope belogen hatte. Nur eine kleine Gruppe der Winnebago erwartete ihn, um sich ihm anzuschließen. Black Hawk zog weiter flußabwärts nach Wisconsin, und seine heimatlosen Krieger streiften durch das Sumpfland am Lake Koshkonong und überfielen die Siedlungen im Grenzland.

In der Zwischenzeit rekrutierte Gouverneur Reynolds unter dem Druck der öffentlichen Empörung eilends eine große Truppe berittener Freiwilliger für die staatliche Miliz. Einer der gewählten Hauptleute war ein hochaufgeschossener Angestellter von Denton Offuts Lagerhaus in New Salem namens Abraham Lincoln. Nach einem vierwöchigen Marsch nach Norden stimmten die murrenden Freiweilligen ab, ob sie Black Hawk weiter verfolgen oder umkehren sollten. Die Wahl ergab Stimmengleichheit. Daraufhin entließ Gouverneur Reynolds die Truppen und rief Freiwillige auf. Lincoln meldete sich und marschierte mit anderen nach Fort Deposit, wo sich die Freiwilligentruppe den regulären Truppen anschloß. Befehlshaber war General Henry Atkin-

son, den Black Hawk unter dem Namen White Beaver
kannte. General Atkinson übernahm das Kommando im Feldzug
gegen Black Hawk und schickte General James D. Henry
und General Henry Dodge mit jeweils einem Teil der Truppen an die Westseite des Sumpfgebiets. Er selbst, mit einer
Abteilung regulärer Truppen, und General Milton K. Alexander mit einer Freiwilligenbrigade marschierten entlang der
Ostseite nach Norden. Lincoln war nicht mehr dabei, denn
er war ausgemustert worden, als er das Land am Lake Koshkonong erreichte.

Inzwischen war für Black Hawk und seine Flüchtlinge
eine schwere Zeit angebrochen. Im Sumpfland mußten sie
sich von Wurzeln ernähren. Und als nun von allen Seiten
Truppen und jede Menge Generäle anrückten, flohen sie
nach Westen, um auf dem Wisconsin River zum Mississippi
zu gelangen.

Als sie an einem Nachmittag Ende Juli den Fluß erreichten, wurden sie von Truppen Henry Dodges eingeholt.
Ihr einziger Ausweg war die Flucht über den Fluß, an dessen
Westufer steile Felsen, die Wisconsin Heights, aufragten. Die
Frauen rissen Rinde von den Bäumen, um ihre Säuglinge
und Kinder auf eine Insel zu bringen, während Sauk- und
Fox-Krieger die Soldaten aufhielten. Wie hoch die Verluste
der Indianer waren, weiß niemand. Man schätzte, daß vierzig bis hundert getötete Indianer auf einen getöteten Weißen
kamen.

Als es dunkel wurde, zogen sich die Truppen zurück, und
Black Hawk setzte seine Flucht nach Westen quer durch das
südliche Wisconsin fort. Zehn Tage lang schleppten sich
seine Leute weiter, halb verhungert, mit zerfetzter Kleidung
und größtenteils ohne Schuhe. Doch Black Hawk gönnte
ihnen keine Pause. »Erst auf der anderen Seite des Mississippi
sind wir in Sicherheit.«

Endlich erreichten sie den Großen Fluß in der Nähe der
Mündung des kleinen Black Ax River. Während sie Bäume
fällten, die ihnen als Kanus und Flöße dienen sollten, brach

eine neue Katastrophe über sie herein. Sie hörten einen schrillen Pfiff, und als sie aufblickten, kam das Dampfschiff *Warrior* in Sicht. »Gebt mir eine weiße Fahne!« rief Black Hawk. »Ich gehe auf das Schiff, um mit ihnen zu reden!« Black Hawk schwenkte die Fahne. Im selben Augenblick eröffnete der Kapitän des Dampfers das Feuer mit einer Feldkanone und tötete fünfundzwanzig Indianer. An eine Überquerung des Mississippi war nicht zu denken. Der verheerende Beschuß hielt bis zur Dunkelheit an. Während der ganzen Nacht, in der kein wärmendes Feuer brannte, ertönte aus dem Lager das Weinen und Wehklagen der Frauen und verängstigten Kinder. »Bei Morgengrauen werden wir nach Norden fliehen«, sagte Black Hawk beschwichtigend. »Dort sind wir sicher.«

Aber an jenem Morgen wurden sie von General Atkins mit seinen dreizehnhundert Mann eingeholt. Eingezwängt zwischen dem Fluß und ihren Verfolgern saßen die Indianer in der Falle. Wohin sich Black Hawk auch wandte, überall sah er, wie alte Männer, Frauen und Kinder erschossen oder in den Fluß getrieben wurden, wo sie ertranken. Verzweifelt hißte er die Parlamentärflagge. Sie wurde ignoriert. Die Schlacht am Black Ax ging weiter. General Winfield Scott entschuldigte sich später für die erschreckend hohe Zahl der Opfer unter den Frauen und Kindern; angeblich waren sie im Gebüsch von den indianischen Kriegern nicht zu unterscheiden.

Rede von Black Hawk
bei seiner Kapitulation vor General J.M. Street
Gehalten am 27. August 1832 in
Prairie du Chien, Wisconsin

»Du hast mich mit meinen Kriegern gefangengenommen. Ich bin sehr betrübt; denn wenn ich dich schon nicht besiegen würde, so habe ich doch gehofft, länger auszuhalten und dir viel Mühe zu bereiten, bevor ich mich ergebe.

Black Hawk ist jetzt ein Gefangener der weißen Männer; sie werden mit ihm tun, was ihnen beliebt. Aber er kann die Marter ertragen. Er ist kein Feigling.

Black Hawk ist ein Indianer. Er hat nichts getan, wofür sich ein Indianer schämen müßte. Er hat für sein Volk gegen die weißen Männer gekämpft, die Jahr für Jahr kamen, um die Indianer zu betrügen und ihnen ihr Land zu nehmen. Du weißt, warum wir Krieg führen. Alle weißen Männer wissen es. Die weißen Männer verachten die Indianer und vertreiben sie aus ihrer Heimat. Sie lachen dem armen Indianer ins Gesicht, um ihn zu betrügen; sie schütteln ihm die Hand, um sein Vertrauen zu gewinnen; sie machen ihn betrunken, um ihn zu täuschen.

Wir haben ihnen gesagt, sie sollen uns in Frieden lassen und wegbleiben; aber sie sind uns gefolgt, und sie haben unsere Wege versperrt; sie haben sich zwischen uns geschlichen wie die Schlange. Sie vergifteten uns durch ihre Berührung. Wir waren nicht in Sicherheit. Wir lebten in Gefahr. Wir blickten auf zum Großen Geist. Wir gingen zu unserem Vater (in Washington). Wir wurden ermutigt. Die Männer in seinem Rat gaben uns schöne Worte und große Versprechen, aber sie wurden nie erfüllt. Für uns wurde alles schlechter. Es gab kein Wild im Wald. Opossum und Biber flüchteten. Die Quellen versiegten, und unsere Frauen und Kinder hatten keine Nahrung, die sie vor dem Verhungern bewahrt hätte…

Wir haben das Kriegsgeschrei angestimmt und das Kriegsbeil ausgegraben; unsere Messer waren bereit, und das Herz des Schwarzen Habicht schlug hoch in seiner Brust, als er seine Krieger in die Schlacht führte. Er ist zufrieden. Er wird zufrieden in die Welt der Geister gehen. Er hat seine Pflicht getan. Sein Vater wird ihn dort aufnehmen und über ihn verfügen …

Leb wohl, mein Volk!… Mehr kann er nicht tun. Er ist seinem Ende nahe. Seine Sonne geht unter und wird nicht mehr aufgehen.

Leb wohl, Schwarzer Habicht!«

Dann wurde Black Hawk in Ketten gelegt und einem jungen Leutnant, Jefferson Davis, übergeben, der später Präsident der konföderierten Südstaaten werden sollte. Davis brachte ihn nach Jefferson Barracks in Missouri, von wo aus er nach Fortress Monroe in Virginia überführt wurde. Nach zehn Monaten Gefangenschaft nahm man ihn auf eine Rundreise durch mehrere Städte im Osten mit. Er erhielt Geschenke von Vertretern des öffentlichen Lebens und wurde Präsident Jackson im Weißen Haus vorgestellt. Doch der unbeugsame alte Häuptling war immer noch nicht gezähmt. Er begrüßte den Präsidenten mit den barschen Worten: »Ich bin ein Mann und du bist auch einer!« Im Lauf ihres kurzen Gesprächs sagte er: »Ich nahm das Kriegsbeil, um Kränkungen zu rächen, die mein Volk nicht länger ertragen konnte. Hätte ich sie hingenommen, ohne zu kämpfen, hätte mein Volk gesagt: ›Schwarzer Habicht ist eine Frau; er ist zu alt, um ein Häuptling zu sein, er ist kein Sauk!‹«

Präsident Jackson überreichte Black Hawk eine militärische Uniform und einen Säbel, sorgte aber dafür, daß Keokuk statt Black Hawk zum Häuptling der Sauk und Fox gemacht wurde. Die beiden Rivalen standen nebeneinander, als Offiziere der Armee die Nachricht von der Ernennung verkündeten. Voller Zorn und Verachtung riß sich Black Hawk den Lendenschurz vom Leib und schlug damit Keokuk ins Gesicht.

»Ich bin ein Mann!« rief er. »Ich werde nicht irgendwelchen Beschlüssen gehorchen. Ich werde selbst handeln. Niemand wird über mich bestimmen!«

Am Ende wurde sein Stolz doch gebrochen, als er sich als alternder Krieger notgedrungen am Des Moines River in der Nähe von Iowaville niederlassen mußte – in der Reservation, die von Keokuk geleitet wurde. Während er vor seiner Hütte saß und die Nachrichten hörte, die ihm von roten und weißen Freunden überbracht wurden, erkannte er, daß seine Niederlage das Ende der Unabhängigkeit für alle Prärie-Stämme östlich des Großen Flusses kennzeichnete. Die Kickapoo hatten Illinois abgetreten. Die Ojibwa und Ottawa hatten Michigan aufgegeben und die Miami ihr letztes Land in Indiana. Oshkosh, ein von Regierungskommissaren ernannter Menomini-Häuptling, hatte Frieden geschlossen und dafür auf das Land seines Stamms in Wisconsin verzichtet. Der Potawatomi-Stamm war nach Westen abgeschoben worden. Vom Atlantik bis zum Mississippi hatte die große Woge der weißen Invasoren einen Stamm nach dem anderen überschwemmt.

Als Black Hawk die Niederlage schließlich ohne Bitterkeit akzeptierte, erklärte er sich bereit, anläßlich einer Feier zum 4. Juli bei Fort Madison eine Rede zu halten:

Brüder! Es hat dem Großen Geist gefallen, daß ich heute hier bin. Ich habe mit meinen weißen Freunden gegessen. Die Erde ist unsere Mutter; wir sind auf ihr; der Große Geist ist über uns. Es ist gut. Ich hoffe, wir sind alle Freunde hier.

Vor einigen Wintern habe ich gegen euch gekämpft. Es war vielleicht falsch; aber das ist Vergangenheit; laßt sie begraben und vergessen sein.

Rock River war ein schönes Land. Mir gefielen unsere Dörfer, meine Maisfelder und der Wohnort meiner Familie. Ich kämpfte dafür. Es gehört jetzt euch; hütet es, wie wir es getan haben; es wird euch gute Ernten bringen.

Ich danke dem Großen Geist, daß ich meinen weißen Brüdern jetzt freundlich gesinnt bin. Wir sind hier versammelt; wir haben miteinander gegessen; wir sind Freunde. Es ist Sein Wille und meiner.

Ich war einmal ein großer Krieger. Jetzt bin ich arm. Keokuk ist der Grund für meinen jetzigen Zustand; aber es soll ihn deswegen keine Schuld treffen.

Ich bin nun alt. Ich habe auf den Mississippi geblickt, seit ich ein Kind war. Ich liebe den Großen Fluß. Ich habe an seinen Ufern gewohnt seit meiner jüngsten Kindheit. Ich blicke jetzt auf ihn. Ich schüttle euch die Hand, und da es mein Wunsch ist, hoffe ich, daß ihr meine Freunde seid.

Als Black Hawk kurz danach im Jahr 1838 starb, wurde sein Leichnam, wie es dem Brauch entsprach, auf der Prärie unter ein schützendes Dach gesetzt. Er trug seine militärische Uniform und seine Orden, die er von Präsident Jackson, John Quincy Adams und der Stadt Boston erhalten hatte. Ein Rohrstock von Henry Clay wurde zwischen seine Knie gelegt. Es waren Geschenke von einstigen Feinden, gegen die er so tapfer gekämpft und die er schließlich als seine Freunde, Brüder und Söhne seiner Mutter Erde akzeptiert hatte.

SEQUOYAH

Dieser große gutaussehende Mann, für den die jungen Mädchen schwärmten, obwohl er verheiratet war, konnte erzählen wie kein zweiter, besonders, wenn er schon ein paar Schlucke aus der Flasche genommen hatte. Er unterhielt seine Nachbarn oft auf diese Weise statt sein Maisfeld zu pflügen, Kartoffeln zu pflanzen oder Holz zu hacken. Doch auf die Idee, daß er dank seiner Wortgewandtheit eines Tages als berühmter Mann in die Geschichte seines Stammes eingehen würde, wäre niemand gekommen.

Wer sein Vater war, wußte man nicht so genau. Vielleicht war es ein deutscher Hausierer namens George Guest, den es kurz vor dem Unabhängigkeitskrieg in die gebirgigen Schlupfwinkel von Tennessee verschlagen hatte, oder ein Freund von George Washington namens Nathaniel Gist, der zu den Cherokee gekommen war, um für den Kampf der Kolonien gegen die Engländer Krieger anzuwerben. Wer immer Sequoyahs Vater war – er heiratete eine Cherokee-Frau in dem Dorf Tuskeges am Tennessee River unweit von Echota, der Hauptstadt der Cherokee, und zog bald nach der Niederkunft seiner Frau weiter. Sein Sohn Sequoyah wuchs bei den Cherokee auf.

Obwohl Sequoyah häufig George Gist oder Guest genannt wurde, bevorzugte er seinen Cherokee-Namen und war immer stolz auf sein indianisches Erbe. Die Cherokee, die zu den Five Civilized Tribes, den fünf zivilisierten Stämmen des Südens zählten, saßen im südlichen Tennessee und in den Carolina-Staaten, im nördlichen Alabama und in Georgia. Nach Süden hin bewohnten die mächtigen Creek das mittlere Georgia und Alabama, die Chickasaw und Choctaw breiteten sich in Mississippi aus und die Seminolen in Florida.

Die Cherokee führten ein bescheidenes Leben. Sie wohnten in Hütten, die nur aus einem einzigen Raum bestanden und einen Boden aus gestampfter Erde hatten. Sie bauten Mais und Kartoffeln an, hielten ein paar Kühe und gingen in den Bergen auf die Jagd. Aber sie lebten in einem wundervollen Land. Auf den Hügeln blühten Azaleen, Berglorbeer, Rhododendren und Sternmagnolien, und über all dem lag der bläuliche Dunst der Great Smokies.

Es gab keine Schulen in den entlegenen Siedlungen, und so hatte Sequoyah weder Englisch sprechen noch schreiben gelernt. Eines Tages kam ein Freund mit ein paar bedruckten Buchseiten zu ihm, die er einem gefangenen Weißen gestohlen hatte. »Sieh her«, sagte er zu Sequoyah und wies auf die Zeichen auf dem Papier. »Das ist ein Zauber auf Papier, der zu weißen Männern sprechen wird, die weit weg sind, und dies sogar an einem anderen Tag. Es sind sprechende Blätter.«

Sequoyah rätselte lange über diesen Zeichen. »Nein«, sagte er. »Das ist kein Zauber. Einige weiße Männer haben diese Zeichen erfunden, genauso wie andere die Metallteile erfunden haben, aus denen sie Gewehre machen. Sieh her.« Er nahm sein Messer und ritzte ein Zeichen auf einen flachen Stein. »Ich könnte auch solche Zeichen für unsere Sprache erfinden.«

»Warum tust du es dann nicht?« sagte sein Freund lachend.

Sequoyah war zu beschäftigt mit Nichtstun; aber den Gedanken, daß er so etwas tun könnte, vergaß er nicht.

Während des Kriegs von 1812 begann er, sich auf Umwegen auf seine Aufgabe vorzubereiten. Die Creek, die als Red Sticks bekannt wurden, weil es bei ihnen Brauch war, einen roten Pfahl in der Mitte des Dorfs aufzustellen, erklärten den Amerikanern den Krieg. Der glühend patriotische General Andrew Jackson brach zu einem Feldzug gegen die Creek auf und stellte befreundete Cherokee als Rekruten ein. Sequoyah war einer von ihnen.

Nach der Schlacht von Horseshoe Bend in Alabama, die den Feldzug beendete, kehrte Sequoyah humpelnd nach

Hause zurück. Ob er im Kampf verwundet worden war oder bei einem Jagdunfall, wußte niemand, aber er hatte keine Illusionen mehr. Denn nachdem die Amerikaner sowohl die Engländer als auch die Creek besiegt hatten, erweiterten sie ihr Territorium, indem sie sich Indianerland aneigneten. Die Territorien von Georgia und Alabama wurden auf Land errichtet, das den Creek und Cherokee gehörte, und Mississippi entstand auf Choctaw- und Chickasawland. Viele der enteigneten Indianer flohen nach Florida. Ungefähr die Hälfte der Cherokee sammelte sich im nördlichen Georgia, wo sie ihre Hauptstadt New Echota gründeten.

Hier heiratete Sequoyah die erste seiner fünf Ehefrauen, ein Cherokee-Mädchen mit dem englischen Namen Sally.

New Echota bestand aus einigen Blockhütten in einem abgelegenen Waldgebiet, wo sich die Häuptlinge zur Ratsversammlung trafen und Hof hielten. Sequoyah interessierte sich nicht für diese Dinge. Er war nicht mehr der lustige Geschichtenerzähler, der gern mit anderen trank, und er konnte auch nicht mehr Stockball, das traditionelle Spiel der Cherokee, spielen. Er überließ seiner Frau die Farmarbeit und schloß sich Tag für Tag und Monat für Monat in seiner Hütte in.

»Wie seltsam!« Was tut er dort drin?« fragten die Nachbarn seine Frau.

»Woher soll ich das wissen?« antwortete sie barsch. »Seht ihr nicht, daß ich den ganzen Tag hinter diesem bockigen Muli hergehen und pflügen muß?«

Sequoyah saß in seiner Hütte, hatte eine Brille auf der Nase, eine langstielige Pfeife zwischen den Zähnen und schnitt mit dem Messer kleine Zeichen auf Rindenstreifen.

Manchmal schwang er sich auf das alte Muli und ritt nach Norden nach Spring Place, wo die Herrnhuter Brüder die erste Missionsschule bei den Cherokee eingerichtet hatten. Dort setzte er sich neben die Kinder auf die Schulbank und brütete über ihren einfachen Lehrbüchern. »Du willst also Englisch lesen und schreiben lernen«, sagte der Missionslehrer. »Das ist es, was die Cherokee brauchen.«

»Aber es ist nicht genug. Die Schrift der weißen Männer taugt nur für weiße Männer. Wir Cherokee müssen lernen, unsere eigene Sprache zu schreiben.«
Der Lehrer lächelte freundlich und gab ihm eine Fibel mit. »Dies hier ist besser. Cherokee ist eine schwer zu sprechende Sprache. Niemand wird sie je schreiben können.«
Zuhause nahm Sequoyah seine Arbeit wieder auf. Wie die alten Chinesen und Ägypter erfand er für jedes Wort seiner Sprache ein Schriftzeichen – ein winziges Bild, das er mit einem feinen Pinsel auf Papier malte. Als phantasievoller, künstlerisch begabter Mensch machte ihm diese Arbeit Freude. Eines Tages besuchte ihn Turtle Fields.
»Ich muß dir sagen, Sequoyah, daß sich die Leute Sorgen machen. Du bist entweder verrückt geworden oder du machst dich zum Narren.«
»Vielleicht. Aber was ich hier tue, wird die Cherokee nicht lächerlich machen.« Er rückte seine Brille zurecht, nahm einen Zug aus seiner Pfeife, in der er Sumach rauchte, und zeigte Turtle Fields einige der Schriftzeichen, die er entworfen hatte. »Ein Wort ist wie ein wildes Tier. Die weißen Männer haben gelernt, diese Tiere zu fangen und sie auf Papier arbeiten zu lassen. Deshalb sind sie klug und mächtig. Wir Cherokee wissen auch vieles, aber unser Wissen stirbt mit uns. Unsere Worte werden vergessen. Deshalb erfinde ich für die Cherokee eine Schrift, die unsere Sprache und unser Wissen erhalten wird, lange nachdem unsere Sprecher tot sind.«
Er arbeitete fleißig weiter an seinen »sprechenden Blättern«, doch die Sache drohte ihm über den Kopf zu wachsen. Je mehr Schriftzeichen er erfand, um so mehr Worte gab es, die dargestellt werden mußten. Alles hatte einen Namen. Es gab so viele Worte wie Blätter im Wald. Und wenn er selbst die Schriftzeichen ebenso schnell vergaß, wie er sie erfand, wie konnte er erwarten, daß andere sie sich merken würden?
Doch wie ein engagierter Wissenschaftler blieb er seiner selbstgestellten Aufgabe treu. Rund vier Jahre arbeitete er

weiter, bis seine Nachbarn immer beunruhigter wurden, weil sie nicht verstanden, was er in seiner Hütte trieb. »Sprechende Blätter!« Was sollten sie davon halten? Vielleicht war er einer der Zauberer, die Unheil über sie brachten. Als eine kalbende Kuh einging und ein Hagel den jungen Mais vernichtete, gingen die Cherokee auf Hexenjagd. Eine Familie, die sie der Zauberei verdächtigten, wurde bis auf eine schwangere Frau getötet. Als sie weiterhin vom Unglück heimgesucht wurden, versammelten sie sich vor Sequoyahs Hütte.

»Soll er sterben?« fragte ihr Anführer.

»Er ist ruhig und macht uns keinen Ärger«, sagte ein Mann, dem Zweifel an Sequoyahs Schuld kamen.

»Er macht Zauber!« behauptete ein anderer.

»Vielleicht ist er nur ein wenig verrückt, weil er über seinen ›sprechenden Blättern‹ den Verstand verloren hat«, meinte ein Freund.

»Und was sagst du?« fragte der Anführer die Frau von Sequoyah.

»Er vernachlässigt seine Familie und läßt mich die Männerarbeit auf dem Feld machen«, sagte sie ärgerlich. »Das stimmt schon. Trotzdem kann ich nicht sagen, daß mein Mann ein Zauberer ist. Vielleicht würde alles gut sein, wenn wir ihn von seiner verrückten Arbeit abbringen könnten.«

»Aber wie?«

»Ich habe einen Plan«, sagte sie. »Hört zu.«

Unter dem Vorwand, er müsse sich eine kranke Kuh ansehen, lockte sie Sequoyah am nächsten Tag aus seiner Hütte. Sobald er außer Sicht war, gab sie den wartenden Nachbarn ein Zeichen. Sie rannten auf die Lichtung und brannten die Hütte nieder mit allem, was Sequoyah in jahrelanger Arbeit geschaffen hatte.

Sequoyah kam zurück und blickte mit steinernem Gesicht auf die rauchenden Trümmer. »Nun gut«, sagte er. »Ich habe es auf die falsche Art gemacht. Jetzt muß ich es noch einmal auf eine andere Art versuchen.«

Er war mit dem Leben davongekommen, aber für seine Arbeit war sein bisheriger Wohnort nicht mehr sicher. Er verließ seine Familie und reiste mit Häuptling Jolly und einer Gruppe von vierzehn Cherokee nach Washington. Der oberste Häuptling namens Pathkiller sprach kein Englisch und war inzwischen zu alt, um als Sprecher für sein Volk aufzutreten. Deshalb hatte Häuptling Jolly die Aufgabe übernommen, die Beziehungen zwischen der Cherokee-Nation und der amerikanischen Regierung zu verbessern. In Washington erfuhr Sequoyah, daß die Regierung mehr Land von den Cherokee forderte und ihnen dafür Land in Arkansas anbot. Häuptling Jolly und seine Begleiter stimmten dem Tausch zu, ohne die Stammesräte zu fragen. Vielleicht dachte Sequoyah nur an seine Arbeit, als auch er den Vertrag unterzeichnete und mit rund dreihundert Cherokee-Auswanderern nach Arkansas zog, um einen Krieg mit den Amerikanern zu vermeiden.

Der Cherokee-Rat beschuldigte sie des Verrats und erließ ein Gesetz, nachdem jeder Cherokee mit dem Tode bestraft werden sollte, der solche ungesetzlichen Landabtretungen vornahm. Sequoyah ahnte nicht, daß er nun bei der gesamten Cherokee-Nation und nicht nur bei seinen Nachbarn zu Hause in Mißgunst stand. Er lebte jetzt in Arkansas und war ausschließlich damit beschäftigt, ein Schriftsystem für die Cherokee-Sprache zu entwickeln. Nach jahrelanger geduldiger Arbeit hatte er herausgefunden, daß die Erfindung eines Schriftzeichens für jedes Wort nicht genügte. Was sollte er als nächstes versuchen?

Drei weitere Jahre experimentierte er nur. Dann, im Jahr 1821, kam ihm plötzlich die Erleuchtung: Finde alle Silben, die in der Cherokee-Sprache vorkommen, und erfinde für jede Silbe ein Zeichen! In einem Monat war es getan. Auf einem einzigen Blatt Papier hielt er eine Cherokee-Silbentabelle in Händen, ein Alphabet aus sechsundachtzig Schriftzeichen. Einige sahen aus wie englische Buchstaben, andere wie griechiche, ägyptische oder chinesische Schriftzeichen. Andere wieder waren allein seine Erfindung. Aber das System funktionierte. Man brauchte nur zu wissen, welche Laute die Zeichen darstellten, und schon konnte man die

Cherokee-Sprache schreiben, ohne mühsam buchstabieren zu müssen.

Um zu beweisen, daß sein System funktionierte, übertrug Sequoyah eine Nachricht von den Arkansas-Cherokee an ihr Volk im Cherokee-Bund in seine Schrift und brachte sie nach New Echota. Er wurde nicht besonders herzlich empfangen. Die Stammesräte ließen ihn die Botschaft vorlesen, glaubten jedoch nicht, daß sie in den merkwürdigen Zeichen auf dem Papier enthalten war. Sie vermuteten, Sequoyah habe sie auswendig gelernt. Daraufhin schrieb Sequoyah die Aussage eines Mannes auf, der vor Gericht stand, und ließ sie von seiner sechsjährigen Tochter vorlesen, die der Verhandlung nicht beigewohnt hatte. Doch die Häuptlinge erkannten immer noch nicht, was er mit der Erfindung der ersten indianischen Schrift nördlich von Mexiko vollbracht hatte. Es war eine geniale Leistung, die ihn zehn Jahre Arbeit gekostet hatte, während die Weißen Jahrhunderte benötigt hatten, um ihre Schrift zu entwickeln. Sequoyah kehrte ziemlich niedergeschlagen zu seiner Familie zurück, die er so lange vernachlässigt hatte, und verbrachte eine schlaflose Nacht.

Früh am nächsten Morgen kam Big Rattling Gourd, einer der Zeugen bei der Gerichtsverhandlung, zu Sequoyah. Auch er hatte in der Nacht nicht geschlafen. »Was du gestern getan hast, erschien mir bei Tageslicht nicht bemerkenswert; wohl aber in der Nacht. Ich lag wach und habe darüber nachgedacht. Sequoyah, meinst du, ich könnte diese Schriftzüge lernen?«

Die Nachricht von Sequoyahs Alphabet verbreitete sich wie ein Lauffeuer. Normalerweise brauchten Cherokee-Kinder in der Schule vier Jahre, um Englisch lesen und schreiben zu lernen. Nun konnten sie innerhalb eines Monats Cherokee lesen und schreiben. Es wurde ein Spiel, das in kürzester Zeit alle spielten. Junge Mädchen und alte Frauen lernten die Silbenschrift, während sie in ihren Hütten saßen und webten. Männer lernten sie, während sie ihre Pferde bei der Feldarbeit ausruhen ließen. Nach einem Jahr beherrschten Tausende Cherokee ihre eigene Schrift.

Die Häuptlinge im Rat zeichneten Sequoyah mit einer Silbermedaille aus und zahlten ihm eine kleine Jahresrente. Darüber hinaus bewilligten sie 1.500 Dollar – ein Fünftel des Jahreseinkommens der Cherokee-Nation – für den Kauf einer Druckerpresse und von Lettern im Cherokee-Alphabet. Bald darauf erschien eine Wochenzeitung, der *Cherokee Phoenix* – die erste Zeitung in den Vereinigten Staaten, die in einer indianischen Sprache gedruckt war. Teile des Neuen Testaments wurden in Cherokee übersetzt, und es erschien ein Cherokee-Wörterbuch mit der Übertragung von Cherokee in englische Buchstaben. Die Cherokee informierten die Regierung, daß man ihnen keine Lehrer mehr zu schicken brauchte; alles, was sie benötigten, damit jeder Cherokee lesen und schreiben lernte, waren Papier und Tinte.

Sequoyah war jetzt über sechzig Jahre alt und ein berühmter Mann. Wenn er in seinem kasackartigen Gewand, einen geblümten Turban auf dem Kopf, die Silbermedaille um den Hals und seine Pfeife mit dem langen dünnen Stiel rauchend die schlammige Straße entlangging, wirkte er wie ein orientalischer Potentat. Aber der Erfolg hatte ihn nicht verändert. Er kehrte zu seinem entbehrungsreichen Leben in Arkansas zurück.

Nach einem Vertrag mit der Regierung tauschten er und seine Cherokee-Nachbarn ihr Land in Arkansas gegen einen Landstrich im nahegelegenen Indianer-Territorium und zogen den Arkansas River aufwärts nach Skin Bayou. Sequoyahs neues Zuhause waren vierzig Hektar gerodetes Land, ungefähr fünfzehn Meilen von Fort Smith in Arkansas entfernt. Hier ließ er sich mit seiner Familie in drei Blockhütten nieder. Er hatte zwei Maultiere, drei Zugochsen, ein paar Kühe und, einige Meilen entfernt, eine Salzlecke. Die Salzgewinnung war harte Arbeit, bei der die ganze Familie mithalf. Zunächst mußte Brennholz geschlagen werden. Dann wurde das Salzwasser in großen Kesseln gekocht, bis das Wasser verdampft war. Das Salz wurde getrocknet und schließlich zum Verkauf in die Stadt gebracht. In der

Zwischenzeit begann Sequoyah, eine Abwandlung seiner Cherokee-Silbenschrift für die Choctaw-Sprache auszuarbeiten. »Auf diese Weise«, erklärte er seinen Freunden, »werden allmählich die Indianer aller Stämme in den Vereinigten Staaten ihre eigenen Sprachen lesen und schreiben lernen und eine echte indianische Zivilisation entwickeln.«

Es sah ganz so aus, als würde sich seine Hoffnung verwirklichen. Die Cherokee waren inzwischen, weitgehend dank seiner Hilfe, zu einem der großen zivilisierten Stämme in Amerika geworden. Sie hatten gelernt, ihre Sprache zu lesen und zu schreiben und hatten eine geschriebene Gesetzessammlung in englischer Sprache angelegt. Anstelle ihrer schlichten Stammesorganisation, die sich aus den Clans zusammensetzte, hatten sie eine Regierungsform übernommen, die sie zu einer Republik machte wie die Vereinigten Staaten, und sie hatten sich eine Verfassung gegeben. Da sie immer ein hart arbeitendes Volk waren, das sein Land liebte, wurden sie als Farmer und Viehzüchter so wohlhabend, daß viele von ihnen Negersklaven besaßen. Sie hatten bewiesen, sagte Sequoyah, daß ein Stamm analphabetischer Indianer auch ohne fremde Hilfe imstande war, ein zivilisiertes Volk zu werden wie jedes andere in der Welt.

Als er eines Tages auf seinem Maultier zur Dwight Mission ritt, um sich die neueste Ausgabe des *Cherokee Phoenix* zu holen, war er fest davon überzeugt, daß diese gewaltigen Errungenschaften von den weißen Männern mit Beifall begrüßt würden. Statt dessen las er mit Entsetzen, was die Zeitung berichtete.

Der Staat Georgia war hellauf empört, daß sich innerhalb seiner Grenzen ein Indianerstamm als Nation bezeichnete. Die Staatsregierung hatte Gesetze erlassen, die den Cherokee bei Todesstrafe verboten, unabhängig Land zu verkaufen, und sie erklärte die indianischen Stammesregierungen für ungesetzlich.

Alle Gesetze der Cherokee Nation wurden für null und nichtig erklärt, kein Cherokee konnte vor Gericht als Zeuge aussagen, wenn ein Weißer in den Fall verwickelt war.

Im Gebiet der Cherokee war Gold entdeckt worden, und Tausende weißer Goldsucher strömten, geschützt von der Staatsmiliz, in ihr Land. Statt Krieg zu führen brachte die Cherokee-Nation ihre Klage gegen den Staat Georgia vor den obersten Gerichtshof der Vereinigten Staaten, und dort entschied der berühmte oberste Richter John Marshall:

Die Cherokee-Nation ist eine separate Gemeinschaft, die ihr eigenes Territorium bewohnt mit genau festgelegten Grenzen, in dem die Gesetze von Georgia nicht geltend gemacht werden dürfen außer mit Zustimmung der Cherokee selbst oder in Übereinstimmung mit Verträgen und mit den Gesetzen des Kongresses.

Doch die Freude über diese höchst richterliche Entscheidung währte nicht lang. Als Präsident Andrew Jackson davon erfuhr, sagte er nur:»John Marshall hat seine Entscheidung getroffen; nun muß er sie nur noch durchsetzen.«

Statt die Entscheidung des obersten Gerichtshofes zu bestätigen, verabschiedete der Kongress ein Indian Removal Act, das die Übersiedlung aller Cherokee, Creek, Chickasaw, Choctaw und Seminolen in Gebiete westlich des Mississippi vorsah. Kein Bevollmächtigter der Cherokee-Nation hatte dieser Maßnahme zugestimmt. Sechzehntausend Cherokee unterzeichneten eine Petition, in der sie gegen dieses Gesetz protestierten. Auch der berühmte Redner Edward Everett protestierte dagegen im Kongress; er schloß seine Rede mit einer ernsten Warnung:

Die Spitzfindigkeiten, die Ihre Ansprüche befriedigen, werden der strengen Kritik des aufgeklärten Europas nicht standhalten. Unsere Freunde dort werden diese Maßnahme mit Sorge betrachten, und nur unsere Feinde werden sich darüber freuen. Und ich fürchte, Sir, wenn das Interesse und die wogenden Leidenschaften von heute Vergangenheit sind, werden wir uns Vorwürfe machen und mit Bedauern zurückblicken, was ebenso bitter wie nutzlos sein wird.

Danach erhielt Sequoyah keinen *Cherokee Phoenix* mehr. Georgia hatte die Zeitung verboten. Angstvolle Monate brachen an, während sich die schlechten Nachrichten häuften. Georgia vergab Häuser und Farmen der Cherokee an weiße Siedler in Form von Preisen, die bei einer staatlichen Lotterie zu gewinnen waren. Als sich Sequoyahs Volk hartnäckig weigerte, das Land zu verlassen, rückte General Winfried Scott mit siebentausend Soldaten an, um die Cherokee zu vertreiben.

Dann begann die Zwangsumsiedlung von dreizehntausend Cherokee auf Indianer-Territorium über den Nura-daut-sun'y, wie ihn die Indianer nannten, den »Pfad der Tränen«. Monate später traf Sequoyah sein Volk bei Little Rock wieder. Es war ein gebrochenes Volk. Viertausendsechshundert von ihnen waren unterwegs an Krankheiten und Entbehrungen gestorben. In Little Rock starb die Frau ihres ranghöchsten Häuptlings John Ross. Nach ihrer Bestattung half Sequoyah John Ross, die Cherokee in der Reservation anzusiedeln, wo die Überreste von 68 Indianerstämmen zusammengetrieben worden waren. Sie gründeten eine neue Cherokee-Hauptstadt in Tahlequah und bildeten wieder eine Regierung.

»Dies wird nicht das Ende der Cherokee-Nation sein!« versicherte er stolz. »Und es wird auch nicht das Ende der Geschichte und der Traditionen der Cherokee sein. Solange es ihre Sprache gibt und sie Verbreitung findet, wird man sich ihrer erinnern.«

Im Jahr 1842, im Alter von zweiundachtzig Jahren, brach er auf, um nach einer Bande von Cherokee, die angeblich vor langer Zeit in den Bergen des Südwestens verschwunden war, sowie nach Spuren ihrer Sprache bei anderen Stämmen zu suchen.

Drei Jahre später, als man nichts mehr von ihm hörte, begab sich ein Cherokee namens Oo-no-leh auf die Suche nach ihm. In einem Brief, der in Cherokee-Schrift geschrieben war, berichtete er von einer Begegnung mit einem Cherokee namens Standing Rock, der angeblich Zeuge von Sequoyahs Tod und Bestattung in dem Dorf San Fernando im Staat Tamaulipas in Mexiko gewesen war. Dieser Bericht wurde jedoch nie bestätigt. Mehrere Jahre lang versuchten verschiedene Leute, etwas über Sequoyahs Verbleib herauszufinden, ohne jedoch die geringste Spur entdecken. Als sich das Indianer-Territorium um die Aufnahme in die Union der Vereinigten Staaten bewarb, stimmte die Mehrheit der Indianer dafür, dem neuen Staat den Namen Sequoyah zu geben. Die nationale Regierung lehnte diesen Vorschlag ab und wählte statt dessen den Namen Oklahoma. Doch Sequoyah ist nicht vergessen. Sein Denkmal ist der langlebige riesige Rotholzbaum, der seinen Namen trägt: die Sequoia.

Bittschrift der Cherokee-Nation an den Kongreß der Vereinigten Staaten, am 29. Dezember 1835

In Wahrheit ist unsere Sache Eure eigene. Es ist die Sache von Freiheit und Gerechtigkeit. Sie stützt sich auf Eure eigenen Grundsätze, die wir von Euch gelernt haben; denn wir schätzen uns glücklich, Euren Washington und Euren Jefferson zu unseren großen Lehrern zu zählen... Wir haben uns ihre Lehren mit Erfolg zunutze gemacht. Und das Ergebnis ist offensichtlich. Die Wildnis des Waldes hat bequemen Wohnstätten und bebauten Feldern Platz gemacht... Geistige Kultur, Erwerbstätigkeit und einheimisches Brauchtum sind der Unzivilisiertheit des Wilden-Zustands gefolgt. Wir haben Eure Religion gelernt. Wir haben Eure heiligen Bücher gelesen. Hunderte unserer Menschen haben sich ihre Lehren zu eigen gemacht, die Tugenden geübt, die sie lehren, die Hoffnungen gehegt, die sie wecken... Wir sprechen zu den Vertretern eines christlichen Landes, den Freunden der Gerechtigkeit, den Schirmherren der Unterdrückten. Unsere Hoffnungen leben wieder auf, und unsere Aussichten werden heller, wenn wir daran denken. Von Eurem Urteil hängt unser Schicksal ab... Auf Eure Güte und Menschlichkeit, auf Euer Mitgefühl und Euer Wohlbefinden setzen wir unsere Hoffnungen.

OSCEOLA

Man nannte ihn den Tiger der Sümpfe oder den Sumpf-
fuchs, denn er bewegte sich mit der Selbstverständlichkeit
eines Tieres in den großen Sümpfen, wo die Alligatoren in
den dunklen Bayous brüllten und der Balzruf des Roten Fla-
mingos erschallte.

Er war groß und hager. Seine Kleidung bestand aus einem
losen Gewand und kniehohen Mokassins. Auf dem Kopf
trug er einen Turban, von dem zwei große Federn herab-
hingen. Das glänzende schwarze Haar reichte ihm bis zu den
Schultern, und um den Hals trug er Ketten aus Perlen und
spanischem Silber. Doch es war vor allem sein ausdrucksvol-
les Gesicht mit den großen Augen, den breiten Nasenflügeln
und vollen Lippen, das allgemein Aufmerksamkeit erregte.
Es war ein Gesicht, das wild und grausam, sanft und gütig
und tief melancholisch wirken konnte. Am häufigsten aber
blickte er schwermütig drein. Osceola war in eine tragische
Zeit hineingeboren und erfuhr in seinem kurzen Leben
mehr Kummer und Leid, als sein empfindsames Wesen
ertragen konnte.

An jenem frühen Morgen im April 1835 tauchte Osceola
aus dem Wahoo Swamp im Norden des mittleren Florida
auf und schritt rasch über die Savanne auf die Ansammlung
von Baracken zu, aus denen Fort King damals bestand. Der
Ort war überfüllt mit Seminolen und Creek. Die Sitzung
des Friedensrats im großen Versammlungsraum hatte bereits
begonnen. Die Zusammenkunft war von dem Indianeragenten für die Seminolen einberufen worden, einem General
Wiley Thompson, der mit dreizehn Indianerhäuptlingen am
Konferenztisch saß. Osceola ließ sich neben den anderen Seminolen an der Wand des Versammlungsraums nieder und
hörte dem Gespräch zu.

Es ging um den drei Jahre zuvor in Payne's Landing am Oklawaha River geschlossenen Vertrag. General Thompson, der am Zustandekommen dieses Vertrags wesentlich beteiligt gewesen war, wies darauf hin, daß die Seminolen damals zugestimmt hatten, ihr gesamtes Land aufzugeben und innerhalb von drei Jahren zusammen mit den Creek in ein Gebiet westlich des Mississippi zu ziehen.

Die Häuptlinge begannen zu murren. »Es ist richtig, daß Charley Emathla und andere Häuptlinge einen Vertrag unterzeichnet haben, aber ohne die Zustimmung der Seminolen.«

»Warum darf uns kein Schwarzer begleiten? Weiß Washington nicht, daß viele Sklaven geflohen sind und jetzt bei uns leben? Sie haben bei uns eingeheiratet, wir haben Kinder mit ihnen. Wollt ihr unsere Familien auseinanderreißen, wenn wir in ein fernes Land ziehen?«

»Der Kongreß der weißen Häuptlinge in Washington hat das Umsiedlungsgesetz angenommen«, antwortete General Thompson. »Es bedeutet, daß alle fünf zivilisierten Stämme – die Creek, Cherokee, Chickasaw, Choctaw und ihr, die Seminolen – ins Indianer-Territorium umziehen müssen. Nun sind eure drei Jahre fast um. Deshalb bitte ich euch, den Vertrag anzuerkennen und euch darauf vorzubereiten, das Land zu verlassen.«

Er breitete ein Papier auf dem Tisch aus, auf dem die Häuptlinge unterschreiben sollten.

Einige nickten verdrießlich, andere standen auf, verschränkten die Arme vor der Brust und schwiegen. Plötzlich sprang Osceola auf. Er zog sein Messer und stieß es in das Vertragspapier.

»Das ist unsere Antwort!« rief er. »Die Seminolen werden sich nicht von ihrem Land vertreiben lassen.«

Alle schwiegen bestürzt. Osceola war kein Häuptling und hatte kein Recht, hier seine Meinung zu äußern. Thompson rief die Wachen. »Nehmt diesen Mann fest und legt ihn in Eisen!« Osceola wurde abgeführt.

Einige Tage später, nachdem sich mehrere Häuptlinge für ihn eingesetzt hatten, wurde er freigelassen unter der Bedingung, daß er mit seinen Anhängern zurückkommen und das Umsiedlungsgesetz anerkennen würde. Nach fünf Tagen kehrte er mit neunundsiebzig Seminolen nach Fort King zurück, gab vor, allem zuzustimmen, und wurde entlassen. Thompson war begeistert. »Ich zweifle nicht an seiner Aufrichtigkeit… jetzt ist die größte Schwierigkeit überwunden.« Aber Thompson, der erst seit kurzem im Amt war, kannte die Seminolen nicht. Er ahnte nicht, daß Osceola ein leidenschaftlicher Feind der Weißen war und zum berühmtesten Führer der Seminolen werden sollte.

Osceola war ein junger Mann mit einer bitteren Vergangenheit. Die Muskogee sprechenden Creek, zu denen auch die Seminolen gehörten, waren ein Stammesband mit einer fast staatlichen Organisation, zu dem sich fünfzig Ortschaften im heutigen Alabama und Georgia zusammengeschlossen hatten. Die Lower Creek konzentrierten sich entlang des Chattahoochee River an der Grenze von Georgia und Alabama, die Upper Creek an den Flüssen Coosa und Tallapoosa. Hier, am Tallapoosa, wurde Osceola 1803 geboren. Seine Mutter, die Tochter des Stadthäuptlings, heiratete nach dem Tod von Osceolas Vater einen Weißen namens Powell. Sein Großvater väterlicherseits war angeblich ein Schotte. Doch Osceola wuchs als Creek auf. Als er neun Jahre alt war, verbündeten sich die Creek mit den Briten und führten in den Jahren 1813-14 einen Krieg gegen die Amerikaner. In der Schlacht von Horseshoe Bend in Alabama wurden sie von General Andrew Jackson geschlagen; nur siebzig ihrer neunhundert Krieger überlebten. Als Kriegsentschädigung nahmen sich die Amerikaner über die Hälfte ihres Landes.

Osceola flüchtete wie Tausende Indianer aus Georgia und Alabama nach Florida. Hier vermischten sie sich mit entlaufenen schwarzen Sklaven und den letzten Überlebenden der ursprünglichen Florida-Stämme – den Clusa, Timucua und Apalachen –, und es entstand ein neues Volk, das die nördliche Creek Isty-Semole, »wilder Mann«, nannten. Ihr Aufstand wurde 1817 im Ersten Seminolen-Krieg von General Andrew Jackson unterdrückt; zur gleichen Zeit zwang er

Spanien, die Halbinsel Florida an die Vereinigten Staaten abzutreten. In diesem Feldzug kämpfte der damals erst fünfzehnjährige Osceola zum ersten Mal. Bald danach zog er in die Nähe des südwestlich von St. Augustine gelegenen Forts und heiratete Che-cho-ter, die Tochter eines Seminolen-Häuptlings und einer geflüchteten Negersklavin. Um seinen Lebensunterhalt zu verdienen, arbeitete er als Scout im Fort. Hier erfuhr er, was mit den Creek in Georgia geschehen war.

William MacIntosh, ein Halbblut und Häuptling der Lower Creek, der im Sold der Landkommissare der Regierung von Georgia stand, hatte 6.070.200 Hektar Creek-Land für 250.000 Dollar an Georgia abgetreten, die jedoch als Ausgleich für die aus Georgia nach Florida geflohenen Sklaven einbehalten wurden. Drei Jahre später hatte MacIntosh weitere vier Millionen Hektar an Georgia abgegeben. Sechsunddreißig Häuptlinge, die neun Zehntel der Creek-Föderation präsentierten, empörten sich gegen diesen Verstoß gegen das Creek-Gesetz, nach dem kein Creek ohne die Zustimmung der Föderation Land verkaufen durfte. MacIntosh wurde zum Tode verurteilt und von Menewa, einem früheren Red-Stick-Häuptling, hingerichtet.

Osceola merkte sich dieses Urteil für den Fall, daß die Seminolen von einem ihrer Häuptlinge betrogen werden sollten. Er gab seine Stellung im Fort auf und schloß sich den Miccosukee an, einer Gruppe von Seminolen, die am Lake Miccosukee lebte. Als untergeordneter Häuptling beobachtete er die Seminolen-Häuptlinge sehr genau und sprach oft zu Hause mit seiner jungen Frau über sie.

»Micanope, der oberste Häuptling, ist fett und faul«, sagte er zu Che-cho-ter, während er von seinem Lieblingsplatz vor der Hütte seiner Frau zusah, die das Abendessen zubereitete.

Sie wohnten in einem umzäunten Dorf in einer Strohdachhütte mit offenen Seiten, die wie alle Behausungen hier auf Pfählen stand. Im Schein der sinkenden Sonne schimmerte die Haut von Che-cho-ter wie dunkler Samt. Sie machte *conte*, sein Lieblingsgericht; dazu verrührte sie die zerstampften Wurzeln eines Dornstrauchs mit Wasser, seihte die Flüssigkeit ab und trocknete die zurückbleibende Masse neben dem Feuer.

»Jumper ist der einflußreichste Häuptling im Rat, aber er redet nur«, sagte Osceola.

Che-cho-ter prüfte das trocknende Wurzelmehl, vermischte es mit etwas heißem Wasser und Honig und stellte den Brei beiseite, damit er abkühlte und gelierte.

»Es gibt andere Häuptlinge – Philip, Yahaloochee, Co-e-harjo«, fuhr er fort, »und Emathla, dem ich mißtraue. Aber keinen Führer.« Er kletterte von seinem erhöhten Sitzplatz herunter und stellte sich vor das Feuer, über dem die Maiskuchen brieten.

Inzwischen war die Sonne untergegangen. Che-cho-ters dunkle Gestalt schien von der Nacht verschluckt, nur das Weiß ihrer Augen glänzte im Schein der Glut. Plötzlich drehte sie sich zu ihm hin und hielt ihn fest. »Osceola, ich habe Angst!« sagte sie mit zitternder Stimme. »Ich rieche den Geruch von Unheil. Ich höre das Geräusch von Krieg und dem herannahenden Tod. Sei vorsichtig!«

Er nahm sie in die Arme. »Ich höre nichts. Ich rieche nichts. Komm, unsere Maiskuchen sind fertig, unser *conte* ist abgekühlt.«

Dann kam der Morgen, als sie nach Fort King auf den Markt ging und er ihr zum letzten Mal nachwinkte. Er sah sie nie wieder. Als er sich halb wahnsinnig vor Sorge nach ihr erkundigte, erfuhr er, daß sie im Fort gefangengenommen und in die Sklaverei verkauft worden war. General Wiley Thompson bestritt, irgend etwas davon zu wissen.

»Wie sollte ich so etwas wissen? Sklavenhändler, Whiskeyverkäufer, das ganze Gesindel im Land strömt nach Florida!«

»Du bist der Kommandant dieses Forts und der Agent für die Seminolen!« rief Osceola zornig. »Ich mache dich verantwortlich für alles, was ihr geschieht. Vergiß das nicht!«

Osceola hatte es jedenfalls nicht vergessen, als er an jenem Aprilmorgen 1835 sein Messer in Thompsons Vertragsurkunde stieß und sich damit zum natürlichen Führer der Seminolen aufschwang. Danach überstürzten sich die Ereignisse. Die drei Jahre Frist, die man den Seminolen bis zu ihrer Umsiedlung gewährt hatte, waren beinahe um. Die Seminolen wurden aufgerufen, sich an der Bucht bei Tampa zu versammeln, um von dort auf Schiffen zum Mississippi gebracht zu werden. Aber Ende November, knapp einen Monat, bevor die Schiffe ablegen sollten, wurde Charley Emathla, der Seminolen-Häuptling, der den Auswanderungsvertrag unterzeichnet hatte, ermordet. Thompson war überzeugt, daß Osceola diese Hinrichtung befohlen hatte.

Einen Monat später, als General Thompson und einer seiner Leutnants außerhalb des Forts spazierengingen, wurden sie von Osceola und einer Gruppe Seminolen erschossen. Thompsons Körper war von vierzehn Kugeln förmlich durchsiebt; mindestens eine stammte aus dem Gewehr, das Thompson Osceola gegeben hatte in der Hoffnung, seine Freundschaft zu gewinnen. Thompson und der Leutnant wurden skalpiert. Dann eilte Osceola zum Haus des Marketenders und tötete ihn und zwei seiner Gehilfen. Nach einem durchdringenden Kriegsschrei, den die ganze Garnison identifizieren konnte, führte er seine Männer zurück in die Sümpfe.

Am selben Nachmittag wurde eine militärische Einheit unter Major Francis L. Dade, die nach Fort King marschierte, um die Aussiedlung der Indianer durchzuführen, von Osceola und seinen Männern aus dem Hinterhalt überfallen. Von den acht Offizieren und 102 Soldaten wurden alle bis auf drei getötet. Zwei davon erlagen kurz danach ihren Verletzungen.

In jener Nacht, tief im Wahoo-Sumpf, feierten die Seminolen-Krieger ihren Sieg mit Wildbret, Bärenrippchen, Maisgrütze und Maiskuchen. Jemand reichte Osceola, der düster vor sich hin brütend am Feuer saß, eine Schale mit *conte*, seiner Lieblingsspeise. Er kostete sie und warf sie weg. Niemand machte *conte* wie Che-cho-ter. Aber er hatte Thompson getötet. Nur dieser Gedanke war tröstlich. Als die Flammen höher loderten, setzte die Trommel ein, und Hillis Higher Harjo, der Medizinmann, begann den Skalp-Tanz. Osceola stand auf und ging zu dem Pfahl, an dem Thompsons Skalp hing. Er spuckte ihn an, schmähte ihn, und dann tanzte auch er.

Ganz Florida wußte in jener Nacht, daß der Zweite Seminolen-Krieg begonnen hatte.

Auch General Duncan L. Clinch, der inzwischen mit einer Armee eingetroffen war, um die Seminolen zu vertreiben, war sich darüber im klaren. Er hatte einen Brief von Osceola erhalten, in dem es kurz und bündig hieß:»Ihr habt Gewehre. Ihr habt Pulver und Blei. Ihr habt Männer. Das alles haben wir auch. Eure Männer werden kämpfen, und das werden wir auch tun, bis der letzte Tropfen Seminolenblut die Erde unseres Jagdgrunds befeuchtet hat.«

Nun begann in den Floridasümpfen ein Katz- und Mausspiel. Ein Armeekommandeur nach dem anderen kam, um Osceola und seine Seminolen auszuheben. Der Tiger der Sümpfe lockte sie in sein Revier, griff an und verschwand. General Edmund P. Gaines und eintausend Soldaten gerieten auf dem Marsch zwischen Tampa Bay und Fort King am Withlacoocheeo River in einen Hinterhalt, wo ihn Osceola mit seinen Kriegern zehn Tage lang festhielt. Nachdem sie keine Vorräte mehr hatten und schon ihre Pferde schlachten mußten, um nicht zu verhungern, erhielten sie schließlich Verstärkung durch General Clinch. Die Seminolen zogen sich erst zurück, als Osceola von einer Kugel am Arm verwundet wurde.

Ein anderes Truppenkommando wurde in einen Sumpf am Lake Okeechobee gelockt. Als die Soldaten ein fast mannshohes Riedgrasdickicht durchquerten und knietief durch Schlamm und Wasser wateten, griff Osceola an. Sechsundzwanzig Weiße wurden getötet und 112 verwundet. Osceola verlor zehn Krieger.

Um sich über den Verlust von Che-cho-ter zu trösten, hatte sich Osceola zwei weitere Frauen genommen. Sie begleiteten ihn auf seinen Märschen wie die meisten Frauen der Krieger, die zum Teil sogar ihre Kinder verließen, um an der Seite der Männer zu kämpfen.

Das Versteckspiel ging weiter, bis General Thomas S. Jesup entsandt wurde, um der Sache ein Ende zu bereiten. Er und Häuptling Jumper schlossen in Camp Dade einen Vertrag, der den Negersklaven der Seminolen erlaubte, die Indianer in den Westen zu begleiten. Alle sollten sich einen Monat später in Tampa zum Abtransport versammeln. Jesup war sich seines Erfolgs so sicher, daß er 24 Frachtschiffe bereitgestellt hatte, die dreitausend Seminolen an Bord nehmen sollten. Aber Osceola erklärte das von Jumper geschlossene Abkommen für rechtswidrig, und kein Seminole erschien.

Jesup schrieb enttäuscht und verbittert: »Kein Seminole erweist sich als treulos gegenüber seinem Land, und bis jetzt ist es noch kein einziges Mal vorgekommen, daß sich ein hochrangiger Krieger ergeben hat.«

Er beauftragte Oberst Zachary Taylor, mit 1.050 Soldaten das Land entlang des Kissimmee River zu durchkämmen und die Seminolen zusammenzutreiben. Rund fünfhundert Indianer wurden gefangen. Dann wurde Philip, der Häuptling der St. John's River-Gruppe, gefaßt und in St. Augustine inhaftiert.

Kurze Zeit später erschien Philips Sohn Cooacoochee, die Wildkatze, unter der Parlamentärflagge, um seinen Vater zu besuchen. Er wurde in Eisen gelegt, anschließend jedoch wieder freigelassen, um Osceola eine Botschaft zu überbringen, in der er aufgefordert wurde, zu einer großen Friedensverhandlung mit General Jesup zu kommen. Als Cooacoochee zurückkehrte, wurde er wie sein Vater ins Gefängnis gesperrt.

Osceola beriet lange mit seinen Kriegern, ob er zu dem Gespräch mit dem General gehen sollte.

»Wie können wir diesen weißen Männern trauen?« fragten sie ihn. »Sie haben uns schon so oft hintergangen. Sie werden es wieder tun.«

»General Jesup kenne ich nicht«, anwortete Osceola nachdenklich. »Vielleicht ist er anders, weil er ein mächtiger Mann ist, der alle anderen, die versagt haben, abgelöst hat.«

Dann erfuhr er, daß eine große Abordnung der Cherokee ebenfalls zu der Verhandlung kommen würden. »Wir leiden alle an der gleichen Krankheit. Cherokee, Creek, Seminolen, Chickasaw und auch die Choctaw. Vielleicht sollten wir alle noch einmal versuchen, uns mit der Regierung zu einigen, die uns umsiedeln möchte.«

Also begab sich Osceola im Herbst jenen Jahres mit 53 Seminolen und 16 Schwarzen unter der Parlamentärflagge zu General Jesups Friedenskonferenz. Sieben Meilen vor St. Augustine schlugen sie ein Lager auf, um zu warten, bis man sie ins Fort rufen würde. Doch dieser Aufruf kam nie. Statt dessen waren sie plötzlich von Soldaten umringt und gefangen.

General Jesup war hocherfreut. Mit der Festnahme von Osceola war er dort erfolgreich gewesen, wo alle früheren Befehlshaber versagt hatten.

Häuptling John Ross, der die Cherokee-Delegation angeführt hatte, war so schockiert und entrüstet, daß er die Erlaubnis erhielt, Osceola zu versichern, daß er mit diesem Verrat nichts zu tun hatte. Danach schrieb er einen langen empörten Brief an den Kriegsminister, in dem es hieß: »Ich protestiere mit allem Nachdruck gegen diese beispiellose Verletzung des heiligen Gesetzes … nach dem jeder, der sich unter einer Parlamentärflagge präsentiert, mit allem gebotenen Respekt zu behandeln ist.«

Einige Tage später floh Cooacoochee nachts aus dem Fort. Bevor er durch das Loch in der Mauer kroch, das er gegraben hatte, befahlen ihm sein Vater und Osceola: »Berichte unserem Volk, wie man uns verraten hat. Sie müssen weiterkämpfen, gleichgültig, was mit uns geschieht.«

Osceola und die anderen Häuptlinge, Micanope, Philip, Co-e-harjo und Yahalooches (Kleine Wolke), wurden mit 116 Kriegern und 82 Frauen und Kindern auf der *Poinsett* nach Charleston gebracht und in Fort Moultrie in Georgia ins Gefängnis gesperrt. Im Januar des folgenden Jahres 1838 kam der Maler und Ethnograph George Catlin, um die Portraits der fünf Häuptlinge zu malen.

Osceola erkrankte, bevor der Künstler mit seinem Bild fertig war. Man vermutete einen Malariaanfall, der sich durch eine Halsentzündung verschlimmert hatte. Dr. Weedon, der Arzt des Forts, wurde zu ihm geschickt. Doch da Weedon der Schwager von General Wiley Thompson war, wollte ihn Osceola nicht zu sich lassen. Er ließ sich nur von einem Seminolen pflegen, dem er vertraute. In seiner zeremoniellen Häuptlingskleidung lag er auf dem Boden vor dem Feuer, umgeben von seinen zwei Frauen und seinen beiden Kindern.

George Catlin, der beobachtet hatte, daß Osceola »große Seelenqual« litt, schrieb: »Die Zeitungen berichten, daß seine Krankheit eine Halsentzündung war, aber Kummer und Demütigung haben das ihre getan, um ihn ins Grab zu bringen... Sein kühner Geist verließ ihm am Abend des 30. Januar.«

Osceola war knapp ein Vierteljahr im Gefängnis gewesen. Er war erst fünfunddreißig Jahre alt, als er starb. Sein leidenschaftlicher Widerstand hatte die Seminolen ermutigt, noch vier Jahre in einem Krieg weiterzukämpfen, der die amerikanische Seite eintausendfünfhundert Menschenleben und zwanzig Millionen Dollar gekostet hatte. Die meisten Seminolen wurden danach mit den anderen vier zivilisierten Stämmen ins Indianer-Territorium umgesiedelt. Im Dschungel der Florida-Everglades leben noch heute kleine Gruppen, deren Vorfahren sich nie ergeben haben.

MANGAS COLORADAS

Ein breiter Streifen vom Rio Grande zum Colorado quer durch den Süden von New Mexico und Arizona in den Vereinigten Staaten und den Norden von Chihuahua und Sonora in Mexiko – das war Apacheria, das Land der Apachen: eine sonnendurchglühte Öde mit kahlen Gebirgen, Wäldern aus riesigen Saguaro-Kakteen, Salztonebenen und Sandwüsten, wo es nur wenige Wasserlöcher gab und die Quellen weit voneinander entfernt lagen.

Warum sich die Apachen ein so abschreckendes Land ausgesucht hatten, weiß niemand. Sie gehören zur großen Sprachfamilie der Athabasken und waren vom Athabasca-See in Kanada nach Südwesten gewandert. Als sie – möglicherweise im 17. Jahrhundert – im Südwesten ankamen, erhielten sie von den Pueblo-Indianern den Namen *Apache* (oder Feind). Ein Teil von ihnen, die *Apaches de Navaju* (oder Navajo) blieb im Pueblo-Land, doch die übrigen zogen weiter nach Süden und beanspruchten ganz Apacheria für sich.

In diesem riesigen Gebiet teilte sich der Stamm in zahlreiche Gruppen – in die Mimbreno entlang des Mimbres River im Südwesten von New Mexico, die Jicarilla im Norden, die Warm Springs und Mescalero im Osten sowie die Coyotero und Chiricahua im Westen in Arizona.

Mangas Coloradas war ein Mimbres-Apache, ein Mimbreno. Als Junge erhielt er den Namen Dasoda-hee oder schlicht Don-Ha, »Der einfach dasitzt«, weil er stets bei den Erwachsenen sitzen blieb und ihnen zuhörte, wenn die anderen Jungen längst schlafen gegangen waren. Dabei lernte er bald, was ein Mann wissen mußte, um ein so großes Gebiet zu beherrschen. Niemand lehrte ihn reiten. Man vertraute ihm eine Herde an und erwartete, daß er nach ein paar Tagen die Kraft und die Tricks eines jeden Pferdes

kannte. Wurde ein Pferd unter ihm getötet, wußte er, wie
man den Kadaver zerlegte und jedes Stück Fell, Fleisch oder
Sehne nützlich verwendete. Er lernte die Wüstenpflanzen
kennen, die Kunst des Spurenlesens, wie man sich von allen
Gedanken befreit, wenn man sich längere Zeit verstecken
mußte, und wie man unterirdische Quellen fand.

»Du wirst bald etwas tun, was dir einen Kriegernamen
einbringen wird«, meinte Häuptling Soldado Fiero.

»Die Zeit wird kommen«, sagte Don-Ha und saß einfach da.

Er ging häufig auf Raubzüge. Die Apachen verachteten
alle, die Mais anbauten und Schafe hielten, und sie lebten
davon, was sie in den Siedlungen der Nakai-yes, der Mexikaner, erbeuteten. Mit ihrer unglaublichen Ausdauer und
Zähigkeit konnten sie Hunderte von Meilen reiten, ohne
mehr zu sich zu nehmen als einen Bissen Dörrfleisch und das
fette Wasser aus den Tierdärmen, die sie als Trinkwasser-
behälter benutzten. Sie überfielen Ariape, die einstige
Hauptstadt von Sonora, Ures, die damalige Hauptstadt, und
Hermosillo, die künftige Hauptstadt. Selbst aus Ciudad Chihuahua, der Hauptstadt des Staates Chihuahua, raubten sie
Männer, Frauen und Kinder, die sie als Gefangene weg-
schleppten, sowie Pferde, Maultiere und andere Beute.
Sicher kamen dabei einige von ihnen ums Leben, und ihre
Köpfe wurden über den Stadttoren auf Pfähle gesteckt. Aber
das spielte keine Rolle. »*La raza que sabe morir*«, sagte Solda-
do Fiero zu Don-Ha, als er auf den verdorrenden Kopf eines
alten Freundes wies, der bei einem Überfall getötet wurde.
»Wir sind die Rasse, die weiß, wie man stirbt.«

Mangas Coloradas, oder Don-Ha, unterschied sich schon
äußerlich von den meisten Apachen, denn er war ein hoch-
gewachsener, kräftig gebauter Mann mit einem mächtigen
Schädel. Statt tollkühne Taten zu vollbringen, um sich einen
Kriegernamen zu machen, saß er lieber still und nachdenklich da.

»Handeln ist nur sinnvoll, wenn man vorher gut nachgedacht hat«, pflegte er zu sagen. »Herz, Verstand und Zeit
müssen zusammenwirken. Mein Tag wird kommen.«

Der Tag kam, als er eine junge Mexikanerin gefangen-
nahm, die mit einer Tragtierkolonne nach Janos in Chihuahua reiste. Sie hieß Ana; und sie gefiel ihm. Er erklärte
sie zu seiner dritten Frau.

Sein Volk war damit nicht einverstanden, denn üblicher-
weise mußten Gefangene Sklavendienste leisten. Lost Pony,
der Bruder von Mangas Coloradas erster Frau, war empört.
»Du willst eine solche Schande über meine Schwester bringen und dieses mexikanische Mädchen zur Ehefrau nehmen?«

Mangas Coloradas nickte ernst.

»Dann sei morgen früh bereit.«

Am nächsten Morgen traten die beiden Männer öffentlich
gegeneinander an, und Mangas Coloradas tötete Lost Pony
mit seinem Messer.

Er hatte seine Wunden noch nicht verbunden, als er von
Pindah, dem Bruder seiner zweiten Frau, zu einem weiteren
Kampf aufgefordert wurde. Am nächsten Morgen tötete er
Pindah. Dann trat er auf Ana zu, die im Kreise der Zuschau-
er stand, und schob seine blutüberströmten Arme in die
Ärmel eines roten mexikanischen Baumwollhemdes, das sie
für ihn bereithielt.

Damit war der Zwist beigelegt – die Eifersucht seiner
Frauen, die Familienfehden, die Verstimmung unter den
Stammesangehörigen. »La-choy Ko-kun-noste – Mangas
Coloradas (Rote Ärmel)!« riefen die Zuschauer. Jetzt hatte er
seinen neuen Namen, der bald vom Rio Grande bis zum
Colorado bekannt und gefürchtet war. Ana wurde ihm eine
gute Frau. Sie bewohnte eine eigene strohgedeckte Reisig-
hütte und gebar ihm drei Töchter.

Nun folgten die Ereignisse, die Mangas Coloradas zu
einem Häuptling machten. Die Mexikaner betrieben seit
vielen Jahren im nahegelegenen Santa Rita del Cobre mehrere Kupferminen und transportierten das Erz auf Maultieren hinunter nach Chihuahua und Sonora. Juan José, ein
Apachen-Häuptling, gestattete ihnen diese *conductas*, voraus-
gesetzt, sie verließen Santa Rita nicht ohne seine Erlaubnis.

Die Mexikaner ärgerten sich über diese Bestimmung und waren zudem wegen der ständigen Überfälle der Apachen verbittert. Schließlich erließ die Junta von Chihuahua gegen die Apachen ein *proyecto de guerra*, ein Kriegsgesetz, und bot eine Belohnung von hundert Dollar für den Skalp eines Apachen-Mannes, fünfzig Dollar für den einer Frau und 25 Dollar für den eines Kindes.

Um diese Zeit kamen die amerikanischen Trapper ins Land. Einer von ihnen, James Johnson, unterbreitete dem *alcalde* oder Bürgermeister von Santa Rita einen Plan, wie man mit einem Schlag die Belohnung für viele Apachenskalpe kassieren könnte, ohne dabei selbst etwas zu riskieren. Ein Fest wurde veranstaltet, und Juan José und eine große Schar Apachen wurden eingeladen, um die neuen *Americanos* kennenzulernen.

Mangas Coloradas ahnte, daß an der Sache etwas faul war, aber er ging trotzdem zu dem Fest. Wie immer hielt er sich etwas abseits. Alle hatten sich fein gemacht. Die unbewaffneten Krieger hatten ihre Gesichter sorgfältig bemalt, die Frauen trugen ihre Perlenketten und fransengeschmückte Wildlederkleider, die Säuglinge waren sicher auf ihren Wickelbrettern befestigt. Es gab über offenem Feuer gebratenes Fleisch, Tortillas, Chili und reichlich *mescal*. Señor Johnson und die weißen *Americanos* lachten und scherzten. »Los Goddamies«, nannte sie Mangas Coloradas. Gegen Ende des Fests wurden in der Mitte der Plaza Säcke mit Getreide aufgestellt, und die Apachen wurden aufgefordert, sich zu bedienen. Als die Frauen herbeieilten und ihre Röcke rafften, um sie mit Mais zu füllen, sah Mangas Coloradas, wie Señor Johnson zu einem großen schwarzen Eisengerät ging, das zur Mitte der Plaza wies, und es mit seinem brennenden *cigarillo* berührte.

Einen Augenblick später spie das eiserne Ding Feuer und Rauch. Die Haubitze schoß eine Ladung aus Kugeln, grobem Schrot und Nägeln in die versammelte Gästeschar. In dieses blutige Durcheinander von zuckenden Armen und Beinen stürzten sich nun die Goddamies und Mexikaner, um die Verwundeten zu töten und sich ihre Skalps zu holen.

Mangas Coloradas entkam und floh ins Lager. Juan José war tot. Soldado Fiero war bei einem Überfall in Mexiko umgekommen. Mangas Coloradas erklärte sich selbst zum Häuptling und ernannte rasch neue Führer: Delgadito, Cuchillo Negro (Schwarzes Messer), Victorio und Colletto Amarillo (Gelber Zopf). Die Befehle, die er ihnen gab, waren wohlüberlegt.

»Greift jede *conducta* auf dem Weg nach Chihuahua und Sonora an und tötet jeden, der dazugehört«, sagte er. »Überrascht und tötet jede amerikanische Fallenstellergruppe im Land. Verbrennt ihre Wagen und ihre Habe. Bedeckt die Asche mit Erde. Nichts soll darauf hinweisen, daß sie je gelebt haben. Schont die Pferde nicht, wenn ihr zurückreitet.«

Dann begann die Belagerung von Santa Rita. Keiner der Bergleute bekam je einen der Belagerer zu Gesicht. Sie wußten nur, sobald einer von ihnen den Fuß vor das Dorf setzte, wurde er vom Pfeil eines unsichtbaren Feindes getötet. Wochen vergingen. Die Lebensmittel im Dorf waren aufgebraucht. Hungernd und von der übrigen Welt abgeschnitten machte sich die Bevölkerung zu Fuß auf den Weg nach Janos, dem nächsten Militärstützpunkt in Chihuahua. Jetzt griffen Mangas und seine Krieger an. Und sie zeigten kein Mitleid. Von den drei- bis vierhundert Menschen gelangte nur ein halbes Dutzend mit der Nachricht von dem Massaker nach Janos.

Eine Weile schien es, als wären die Apachen ihre Feinde los geworden, denn die Amerikaner hatten einen Krieg gegen die Mexikaner gewonnen und erklärten einen breiten Streifen von Apacheria vom Rio Grande bis zum Colorado zum amerikanischen Territorium von New Mexico. Die Goddamies kamen und ließen sich in der Nähe von Santa Rita bei Pino Altos nieder, wo sie Gold entdeckt hatten. Mangas beobachtete sie tagelang von den umliegenden Bergen aus und überlegte. Schließlich stand er auf und ging zu den grabenden weißen Männern hinunter, um mit ihnen zu sprechen.

Er sei gekommen, sagte er, um ihnen einen geheimen Ort weit jenseits der Berge zu zeigen, wo es viel von diesem gelben Eisen gab, das sie suchten. Um sein Land von ihnen zu befreien, hatte er beschlossen, sie dort hinzuführen. Aber ihre glitzernden Augen, ihr lautes Gelächter und die Gier in ihren bärtigen Gesichtern verhießen nichts Gutes.

»Du willst uns also das Gold zeigen, Häuptling?«

»Nicht heute«, sagte Mangas Coloradas. »Aber vielleicht bald.«

Plötzlich schlug ihm jemand den Griff einer Pistole auf den Kopf, und ihm wurde schwarz vor Augen. Als er wieder zu sich kam, waren seine Hände gefesselt und ein Seil zerrte ihn in die Höhe, sodaß er nur auf den Zehenspitzen stehen konnte. Der große Goddamie lachte. »Dieser Bulle hier will uns einen Bären aufbinden! Los, Männer! Es soll ihm eine Lehre sein!«

Dann schlugen sie mit Stricken und Lederriemen auf ihn ein. Mangas Coloradas zwang sich, bei Bewußtsein zu bleiben und die Schläge zu zählen. Als ihn die Männer laufen ließen, konnte er kaum noch gehen, aber sein starker Wille hielt ihn auf den Beinen. Er brach erst zusammen, als er außer Sichtweite der Goldsucher war. In der Nacht kroch er weiter und versteckte sich und seine Schande, bis sein Rücken geheilt war.

»Viermal zehn Schläge!« Er schwor sich, daß sie jeden Schlag mit zehn Leben bezahlen würden.

Die drei Töchter, die ihm Ana geschenkt hatte, verheiratete er nach einem sorgfältig ausgedachten Plan. Eine gab er Cochise, dem Häuptling der Chiricahua; die zweite Co-si-to von den Coyoteros; und die dritte heiratete Kutu-hala von den White-Mountain-Apachen. Auf diese Weise hatte er drei Stämme durch Blutsverwandtschaft an sich gebunden, deren Hilfe er brauchte, um den immer größeren Zustrom der Amerikaner einzudämmen. Denn es kamen nicht nur die Wagenzüge der Siedler; auch die Butterfield-

Postkutsche verkehrte bereits auf der Südroute nach Kalifornien, die von El Paso del Norte am Rio Grande quer durch Apacheria nach Fort Yuma am Colorado führte.

Eines Tages erschien der Chiricahua-Häuptling Cochise bei Mangas Coloradas. Sie setzten sich auf eine kleine Lichtung, um miteinander zu sprechen. »Ich komme, um den größten Kriegshäuptling unseres Volkes um Hilfe zu bitten«, sagte er.

»Schütte dein Herz aus«, sagte Mangas Coloradas zu dem jüngeren Cochise, der daraufhin ausführlich berichtete. Die Butterfield-Postkutschen durchquerten die Chiricahua Mountains am Apache Pass. Hier unterhielten die Weißen eine Poststation, und die Chiricahua versorgten die Station mit Brennholz. Die Weißen bezahlten für das Brennholz, und dafür wiederum ließen die Chirihuaca die Postkutschen ungehindert passieren.

»Hast du so unsere Feinde aufgehalten?«

»So wurde ich verraten«, anwortete Cochise und erzählte weiter. Eine Gruppe Coyotero hatte das Haus eines weißen Ranchers niedergebrannt und einen kleinen Jungen gefangengenommen. Als der junge Leutnant George Bascom, ein Grünschnabel aus Fort Buchanan, davon erfuhr, ritt er mit einer Abteilung zum Apache Pass. Unter der weißen Parlamentärflagge bat er Cochise, mit seinem Sohn, seinem Bruder und zwei Neffen zu einer Unterredung zu kommen. Bascom, der alle Indianer für heimtückische Wilde hielt, befahl Cochise, den weißen Jungen herauszugeben. Als Cochise sagte, daß seine Chiricahua diesen Überfall nicht ausgeführt hatten, wurden sie verhaftet. In der Nacht floh er aus dem Zelt, in dem er festgehalten wurde. Er versammelte seine Krieger, griff einen Wagenzug an, tötete acht Männer und nahm sechs Gefangene. Diese bot er Bascom zum Tausch für die gefangenen Apachen. Doch der junge Leutnant weigerte sich und erhängte seine Apachen-Gefangenen. In derselben Nacht folterte Cochise seine weißen Gefangenen zu Tode, indem er sie mit dem Kopf nach unten an die Räder eines Wagens band und verbrannte. »So wurden wir unter einer Parlamentärflagge verraten«, schloß er. »Nun habe

ich alles gesagt.« Mangas Coloradas schwieg. Dann stand er
auf und entblößte zum ersten Mal vor einem anderen die
Narben und Schwielen auf seinem Rücken.

»Ich habe nichts gesehen«, sagte Cochise. »Aber ich werde
meinem Volk deine Antwort bringen.«

Mangas Coloradas schickte Boten zu Cadete, dem Häuptling der Mescalero, sowie zu den Häuptlingen sämtlicher
Apachen-Gruppen. Unter seiner Führung vereinigten sich
alle mit dem einen großen Ziel, die Eindringlinge aus ihrem
Land zu vertreiben, und es zahlten nicht nur zehn amerikanische Leben für jeden der viermal zehn Hiebe, die den
Rücken von Mangas Coloradas zerschunden hatten. Entlang
der Südroute nach Kalifornien gab es kaum einen Lagerplatz,
an dem nicht menschliche Skelette und verkohlte Überreste
von Wagen und Kisten zu finden waren.

Die Zeitung *Arizonian* berichtete im August 1861:

Wir sind auf allen Seiten von den unnachgiebigen Apachen
umlagert. Innerhalb eines halben Jahres wurden neun Zehntel
der gesamten Bevölkerung getötet, was zur Folge hatte, daß
jede Ranch, jede Farm und jede Mine verlassen wurde.

Trotz des gleichzeitig ausbrechenden Bürgerkrieges beauftragte die US-Regierung im Jahr 1862 Colonel James H.
Carleton, mit einer kleinen Armee von eintausendvier-
hundert Mann aus Los Angeles die Südroute wieder zu
öffnen und offenzuhalten. Seine Vorhut, dreihundert Mann
unter Captain Thomas Roberts, erreichte zwei Monate später den Apache Pass. Mangas Coloradas und seine Krieger
warteten zu beiden Seiten der tiefen Schlucht unterhalb der
Quellen. Als die Blauröcke den Canyon heraufkamen, er-
öffneten die Indianer das Feuer. Roberts brachte zwei Haubitzen in Stellung, und die Schlacht am Apache Pass begann.
In das Dröhnen der Geschütze mischten sich die schrillen
Schreie der Apachen und das Krachen ihrer Musketen. Ver-
störte Pferde rannten umher, Messer und Bajonette blitzten
in der Sonne. Dann, nach einem vier Stunden währenden
Kampf, trat plötzlich Stille ein.

Als der größere Teil der kalifornischen Truppen eintraf, war weit und breit kein Apache zu sehen. Was war geschehen?

Mangas Coloradas war schwer verwundet vom Pferd gestürzt. Um ihrem großen Führer zu helfen, versammelten sich die Apachen und trugen ihn auf einer Bahre über die unbewohnte Ebene von Chihuahua nach Janos, einer abgelegenen kleinen Stadt mit einer alten Kathedrale und einer winzigen Garnison rings um einen Wachturm. Die Apachen hatten sie häufig überfallen. Nun umzingelten sie die Garnison, während Mangas Coloradas zu einem mexikanischen Doktor hineingebracht wurde.

»Du machst ihn gesund. *Bueno!* Dann gehen wir!« sagten sie. »Stirbt er, sterben alle!«

Waren es die Drohungen, die Widerstandsfähigkeit des großen Häuptlings oder waren es die Gebete des Priesters und der Bewohner der Stadt, die Mangas Coloradas retteten? Die Kugel wurde entfernt, und er blieb am Leben.

Colonel Carleton ließ am Apache Pass eine Abteilung zurück, die dort Fort Bowie errichten sollte, und marschierte weiter. Er fand die verkohlten Knochen von neun weißen Männern, die von den Apachen auf einem Scheiterhaufen verbrannt worden waren. Mangas Coloradas hatte die vierzig Schläge nicht vergessen. Seine Krieger hatten Pinos Altos belagert und keinem erlaubt, den Ort zu verlassen. Als eine Einsatztruppe bei der Goldgräbersiedlung eintraf, waren die Familien dort schon fast verhungert. Sie hatten sich von Wurzeln ernährt; einige waren wahnsinnig geworden.

Im Jahr 1863 schuf die US-Regierung das Territorium Arizona, und die Amerikaner strömten ins Land, um Städte, Viehfarmen und Bergwerke zu errichten. Der inzwischen siebzigjährige Mangas Coloradas wußte, daß er am Ende seines Weges angelangt war.

Wer sollte seinen Platz einnehmen? Der getreue Victorio würde der führende Häuptling werden, aber er würde sich nicht lange halten. Cochise war ein guter Häuptling, aber als Freund der Weißen war er verraten worden; und er würde wieder ihr Freund sein und wieder verraten werden. Cadete würde bis zum Tod kämpfen, doch er war nicht klug genug, um Häuptling von allen zu sein. Der junge Überläufer Geronimo, »Der Gähner«, war nicht zuverlässig genug, um jemals ein echter Häuptling zu werden; er verließ sich nur auf seine persönliche Tapferkeit wie ein unabhängiger Krieger. Was könnte er tun, überlegte Mangas Coloradas, um seinem Volk den nötigen Halt zu geben? Um es zu retten? Nach der Darstellung des bekannten Arizona-Historikers Lawrence Clark Powell wurde Mangas Coloradas von John W. Swilling, dem Gründer von Phoenix, verraten und den amerikanischen Truppen ausgeliefert. Swilling war bekannt als durchtriebener Abenteurer; er wurde später wegen des Überfalls auf die Wickenburg-Postkutsche angeklagt und starb im Gefängnis von Yuma, während er auf seinen Prozeß wartete.

Will Levington Comfort liefert in seiner einfühlsamen romanhaften Biographie des großen Apachenhäuptlings eine andere Version. Er berichtet, daß Mangas Coloradas mit einer Parlamentärflagge ins Lager der weißen Soldaten ging, um zu verhandeln und sein Volk vor der Ausrottung zu bewahren.

Er wurde gefangengenommen und zu Colonel J. J. West, dem Kommandanten von Fort McLane, gebracht. »Ich bin gekommen, um über Frieden zu sprechen«, sagte Mangas Coloradas. »Ich spreche für mein ganzes Volk – für jeden Stamm, jede Gruppe, für jeden einzelnen Apachen. Im Krieg üben wir keine Nachsicht. Im Frieden bleiben wir unserem Wort treu. Wenn du mit uns übereinkommst, wird kein Apache je wieder die Hand gegen einen Mann aus deinem Volk erheben.«

»Mangas Coloradas, die Zeit, um über Frieden zu sprechen, ist vorbei«, sagte der Colonel. »Ich bin deinem Pfad verbrannter Leichen über fünfhundert Meilen gefolgt. Jetzt bist du endlich unser Gefangener. Wenn du den geringsten Versuch machst zu fliehen, wirst du erschossen. Hast du verstanden?«

Der Colonel kehrte dem Dolmetscher den Rücken und sprach leise mit den Wachsoldaten. Mangas Coloradas verstand nicht, was er sagte, aber er wußte, was es bedeutete. An jenem Abend saß er draußen vor einem Feuer. Er schaute zu, wie die Wachen die Spitzen ihrer Bajonette erhitzten, und sah im Gebüsch hinter ihnen Gewehre aufblitzen. Einer der Soldaten schnippte Funken auf den nackten Körper des alten Häuptlings.

»Bin ich ein Kind, mit dem man spielt?« fragte Mangas Coloradas ruhig.

Die Soldaten lachten. »Seht ihn euch an! Habt ihr schon einmal so ein Untier gesehen? Er hat Beine wie ein Maultier.«

Mit den rotglühenden Bajonetten berührten sie seine Arme und Beine. Mangas Coloradas zuckte nicht zurück.

»*La raza de bronce que sabe morir* – die bronzene Rasse versteht zu sterben!«

Die zwei Wachsoldaten hoben ihre Gewehre. Die Gewehrläufe der anderen schimmerten durch das Gebüsch. Plötzlich wurden ihm die rotglühenden Bajonette flach auf den Bauch gedrückt. Nicht einmal jetzt zuckte Mangas Coloradas im Geist zurück, nur der Muskelreflex ließ seinen Körper hochschnellen. Und schon krachten die Gewehre der Wachsoldaten und Soldaten im Gebüsch. Offiziell hieß es, er sei bei einem Fluchtversuch getötet worden.

Eine dramatische Szene, die Will Levington Comfort uns hier vor Augen führt. Ob Mangas Coloradas am nächsten Morgen von einem Mann skalpiert wurde, der sein glänzendes schwarzes Haar haben wollte, ist nicht gewiß. Sicher ist jedoch, daß sein Kopf später vom Rumpf getrennt und in die Smithsonian Institution geschickt wurde, die ihn an einen Phrenologen namens O.S. Fowler verkaufte.

Einer seiner größten Feinde, Captain John C. Cremony, schrieb seinen Nachruf:

Er war der größte und fähigste Apache des neunzehnten Jahrhunderts. Seine weisen Pläne hatten mehr von der Qualität einer umfassenden und aufgeklärten Führerschaft an sich als die

jedes anderen Indianers der Neuzeit... Er fand immer wieder
Mittel und Wege, um zahlreiche Krieger der Wilden zusam-
menzuziehen und wochenlang beisammenzuhalten, wie sie
keiner seiner Vorgänger um sich scharen und ernähren konnte...und macht ihnen den Wert von Einigkeit und gemeinsa-
mer Stärke begreiflich... Alles in allem übte er einen Einfluß
aus wie kein anderer Wilder unserer Zeit.

MANULITO.

MANUELITO

Manuelito war ein gutaussehender junger Navaho. Er trug kniehohe Wildledermokassins, weite Baumwollhosen und eine wollene Decke über den Schultern. An jenem Septembermorgen des Jahres 1849 saß er auf seinem Pferd neben anderen Navaho-Reitern, die sich zu beiden Seiten ihres obersten Häuptlings Narbona zu einem großen Halbkreis aufgestellt hatten. Narbona war Manuelitos Schwiegervater, ein rheumatischer alter Mann von achtzig Jahren, der gewöhnlich auf einer Bahre getragen wurde. Aber für diesen bedeutenden Anlaß hatte ihn Manuelito auf ein Pferd gehoben. Nun saß er dort, in seine gestreifte Häuptlingsdecke gehüllt, und wartete mit seinen Kriegern auf den Beginn des Friedensgesprächs.

Vor ihnen standen James S. Calhoun, der erste amerikanische Indianeragent des Territoriums und spätere Gouverneur des Territoriums New Mexico, sowie der hakennasige Colonel John M. Washington mit einer Eskorte von 175 Soldaten, die von Santa Fe über den Washington Pass an diesen abgelegenen Ort bei Two Grey Hills gekommen waren, um mit den Navaho einen Vertrag auszuhandeln.

Calhoun begann das Gespräch. »Die Vereinigten Staaten haben ihren Krieg mit Mexiko gewonnen, und nun gehört dieses ganze Land von New Mexico den Amerikanern. Wir wollen Frieden mit euch. Um einen Friedensvertrag zu schließen, müßt ihr alle eure amerikanischen, mexikanischen und indianischen Gefangenen herausgeben sowie alle Rinder und Schafe, die ihr gestohlen habt. Außerdem dürft ihr die amerikanischen Wagen, die durch euer Land fahren, nicht mehr belästigen. Die Vereinigten Staaten werden dafür Frieden halten und euch Handelswaren schenken.«

Narbona war bestürzt, denn sowohl die Amerikaner als auch die Mexikaner behielten ihre gefangenen Navaho als Sklaven. Dennoch erklärte er sich bereit, einhundertdreißig Schafe, die seine Männer gestohlen hatten, zurückzugeben. In diesem Augenblick erkannte ein Mexikaner aus Washingtons Truppe eines der Pferde der Navaho wieder. Es war ihm gestohlen worden, und so forderte er es zurück.

Der Navaho weigerte sich. »Natürlich habe ich es gestohlen, wie es bei uns Brauch ist, und zwar vor langer Zeit, aber dieser Mexikaner hat Angst gehabt, es sich zurückzuholen. Braucht er alle diese Blauröcke, um sein Pferd zurückzubekommen?«

»Nehmt das Pferd!« befahl Colonel Washington.

Als der Mexikaner vortrat, stieß Manuelito einen schrillen Schrei aus. Die Navaho wendeten ihre Pferde, und was dann geschah, vergaß Manuelito nie. Eine Gewehrsalve krachte. Häuptling Narbona und sechs Navaho-Krieger sanken tot zu Boden. Dann folgten drei Schüsse der Artillerie, und die Navaho rings um Manuelito rannten um ihr Leben.

»Ein schöner Friedensvertrag!« schrie er. »Wir können viel von den Amerikanern lernen!«

Ohne es zu wissen, sagte er damit etwas sehr Zutreffendes, denn ein charakteristisches Merkmal der Navaho war ihre ungewöhnliche Anpassungsfähigkeit. Sie lernten von all ihren Feinden. Mit ihren Athapasken-Vettern, den Apachen, waren sie aus dem Norden gekommen, dann aber hier im nördlichen New Mexico und Arizona geblieben. Von den Pueblo, den ältesten Bewohnern dieses Gebiets, hatten sie gelernt, Mais, Kürbis, Bohnen und Tabak anzubauen. Als sie sich niederließen, entwickelten sie ihre eigenen, im Stil einzigartigen Behausungen: große achteckige Hütten aus Baumstämmen, deren Eingang stets auf der Ostseite lag. Im Inneren befand sich in der Mitte eine Feuerstelle. Der Rauch zog durch eine Öffnung im Dach ab.

Später übernahmen sie von den spanischen Siedlern Schafe und Pferde. Die Schafe lieferten ihnen Fleisch und Wolle, aus der sie Decken webten, die ihre Fellkleidung ersetzten.

Mit Hilfe der Pferde konnten sie rasch weite Strecken zurücklegen. Bald hatten sie sich vom Chama River bis fast zum Grand Canyon ausgebreitet. Das Gebiet war eine Hochebene, bewachsen mit wogendem Beifuß und durchsetzt von Anhöhen mit Krüppel- und Zirbelnußkiefern, die zu Wäldern mit Fichten und Tannen anstiegen, bis das Plateau in gewaltigen Canyons und tiefen Schluchten abfiel.

Hier war Manuelito zuhause; von hier aus griff er mit einer kleinen Bande die Dörfer mit den Adobehäusern der Pueblo und Mexikaner an. Er stahl Pferde und Schafe und raubte Frauen für Sklavenarbeit. Mexikanische *hacendados* und Armeeoffiziere schlugen dann gewöhnlich zurück, holten sich ihr Vieh wieder und raubten Navaho-Frauen, die bei ihnen als Sklavinnen arbeiten mußten. Beenden konnten sie die ständigen Überfälle der Navaho jedoch nicht. Nicht einmal Santa Fe, die Hauptstadt von New Mexico, war vor ihren Angriffen sicher.

Manuelitos Lieblingspferd war ein geschecktes Tier. Er nannte es »Pfeilnatter«, weil es schnell und klug war wie diese Schlangen. Auf einem Raubzug geriet Manuelito mit seinen Navaho an eine Bande umherziehender Comanchen und wurde angeschossen. Da stürmte sein Bruder Cayatanita heran, zog Manuelito auf sein Pferd und brachte ihn in Sicherheit.

Die Kugel war in Manuelitos Körper steckengeblieben und mußte entfernt werden. Der Mann, der diese Operation durchführte, war Herrero Delgadito, ein Schmied, der von den Mexikanern gelernt hatte, wie man ein eisernes Trensengebiß für Pferde machte. Manuelito überlebte den Eingriff und trug nur eine kreisförmige Narbe unter der rechten Brust davon. Deshalb nannten ihn die Amerikaner, die seinen richtigen Namen noch nicht kannten, Pistol Hole.

Sie lernten ihn bald auch als Manuelito kennen, denn die Navaho setzten ihre Überfälle fort. »Damit muß endlich Schluß sein!« sagte Colonel Sumner zu seinen Offizieren der First Dragoons. »In den letzten vier Jahren haben sie aus den Dörfern am Rio Grande zwölftausend Maultiere, siebentausend Pferde, einunddreißigtausend Rinder und vierhundertfünfzigtausend Schafe gestohlen. Außerdem sitzen diese Navaho unmittelbar an der neuen Kalifornienroute entlang des fünfunddreißigsten Breitengrades.«

»Was schlagen Sie vor, Colonel?«

»Ein Fort direkt im Süden des Canyon de Chelly, im Herzen des Navaho-Landes«, antwortete er kurz entschlossen. »Und wenn wir es von diesem Fort aus nicht schaffen, sie von ihren Plünderungen abzuhalten, wird nichts anderes helfen als ihre vollständige Ausrottung.«

Der Platz, den er für das Fort ausgewählt hatte, war eine kleine grasbewachsene Fläche am Fuß der Mauern des Canyon Bonito. Die Navaho nannten den Ort »Meadow Between Rocks« (Wiese zwischen Felsen). Der Colonel ließ darauf ein rechteckiges Gebäude aus Balken und Adobe errichten, legte einen kleinen Exerzierplatz mit einem Fahnenmast an und gab der Niederlassung den Namen Fort Defiance. Die Soldaten, die er hier stationierte, nannten den Ort »Hell's Gate«, Tor zur Hölle, »den einsamsten Winkel der Vereinigten Staaten«.

Ganado Mucho, »Many Cattle«, der, wie sein Name besagt, viele Rinder und Schafe besaß und für jede seiner nicht ganz so zahlreichen Frauen ein eigenes *hogan* gebaut hatte, wollte Frieden schließen. Den gleichen Wunsch hegte »Long Earrings« (Lange Ohrringe), der auch »Many Buttons« (Viele Knöpfe) genannt wurde, weil er die mit silbernen Knöpfen besetzten mexikanischen Kniehosen trug.

Eines nachts am Feuer machte sich Manuelito, der schlichte Beinkleider aus Wildleder und die übliche bunte Decke trug, über diese friedfertigen Leute lustig. »Sie sind reich und fett und faul. Sie wollen Frieden. Wir aber wollen unser schönes Land. Wir wollen diese Amerikaner vertreiben, die es uns stehlen. Wir wollen Krieg!« Andere Häuptlinge stimmten ihm zu, so der listige alte Sarcillo Largo, Herreo Delgadito und Hosteen Dagai oder »Mr. Whiskers« (Herr Schnurrbart), wie er wegen seines spanischen Namens Barboncito auch genannt wurde.

Weitere Friedensverträge wurden geschlossen und nicht gehalten. Die Blauröcke aus dem Fort zogen immer wieder gegen die Navaho zu Felde. Bei einer dieser Expeditionen marschierten sie, geführt von 55 Spähern, 349 Meilen weit, aber nur zehn Navaho fielen ihnen zum Opfer. Manuelito war viel zu schlau für sie. Kein einziger seiner Krieger war je zu sehen, obwohl sie weiterhin Vieh von Fort Defiance stahlen und Wagenzüge plünderten.

Zur entscheidenden Auseinandersetzung kam es an einem frühen Morgen im April 1860. Major Sheppard, der Fortkommandant, wurde durch das Kriegsgeschrei von zweitausend Navaho geweckt. Er sprang aus dem Bett und rannte aus seinem Quartier. »Blas Alarm!« rief er seinem Hornisten zu. Nur unvollkommen angezogen, das Gewehr unter dem Arm, liefen die Männer auf dem Exerzierplatz zusammen, um kompanieweise anzutreten. In der fahlen Morgendämmerung begann die Verteidigung von Hell's Gate.

Kompanie E wurde zum Magazin und zu den Ställen an der Südwestecke geschickt, um die aufgeregt wiehernden und stampfenden Pferde zu beruhigen. Kompanie C eilte zur Westseite und wurde von einem Pfeilregen zurückgetrieben. Kompanie B bezog an der Ostseite Stellung und beschoß die Navaho auf den darüberliegenden Felsen. Mit ihren Gewehren konnten die Soldaten die nur mit Pfeilen und einigen alten Musketen bewaffneten Indianer allmählich zurücktreiben. Als der Tag anbrach, sammelte Sheppard seine drei Kompanien um sich und führte sie auf den Hügel.

Die Navaho hatten das Feld geräumt und nur einen toten Krieger zurückgelassen; sein treues Pferd hielt an seiner Seite Wache. Die Soldaten töteten es.

Danach konnten weder Manuelito noch andere Kriegshäuptlinge die Navaho jemals wieder zu einer großen gemeinsamen Anstrengung gegen die Eindringlinge vereinigen. Der Stamm bestand aus dreiundvierzig einzelnen Clans, die in ihrem großen wilden Land weit voneinander entfernt lebten und nur schwer zusammengeführt werden konnten.

Die Amerikaner jedoch standen vor demselben Problem bei ihren Versuchen, die Navaho zu besiegen. General Carleton, der die südliche Route quer durch Apacheria geöffnet hatte, unternahm zwei Jahre später ernsthafte Schritte in dieser Sache. Sein Vorgehen nannte man damals Piratentaktik. Im Jahr 1862 gründete er die Bosque Redondo Reservation, ein vierzig Quadratmeilen großes Gebiet im südöstlichen New Mexico mit Fort Sumner in der Mitte. Er schlug vor, alle Indianer bei einer allgemeinen Jagd zusammenzutreiben und in diesem riesigen Gefangenenlager einzusperren.

Eine große Armee wurde aufgestellt; dafür meldeten sich freiwillig so viele Bürger, die alle Jagd auf die verhaßten Navaho machen wollten, daß sich der Gouverneur von New Mexico gezwungen sah, sie in einer öffentlichen Erklärung davon abzuhalten. Kit Carson, der berühmte Indianerscout, befehligte die Armee. Er begann mit dem Feldzug im Juli, indem er die Uten als Führer rekrutierte und ihnen erlaubte, die Navaho-Frauen und Navaho-Kinder, die sie gefangennahmen, als Sklaven zu behalten. Dann zog er in das Hopi-Dorf Oraibi, wo er weitere Führer anforderte. Die Hopi weigerten sich. Carson ließ den obersten Häuptling fesseln und nahm ihn als Gefangenen mit. Dann rückte er langsam nach Norden vor.

Manuelito wurde besorgt. »Was für eine Art Krieg ist das? Der Lassowerfer behauptet, jeder Navaho soll getötet oder zum Gefangenen gemacht werden, aber er kämpft nicht!«

Es stimmte. Carson, »der Lassowerfer«, schlug keine Schlachten. Er verbrannte nur jedes Maisfeld, requirierte auch die kleinste Schafherde und spürte mit seinen Ute-Scouts jede Familie auf. Manuelito und seine Leute, die nur mit Bogen und Pfeilen und einigen Musketen bewaffnet waren, für die sie kein Pulver und kein Blei mehr hatten, zogen sich weiter nach Norden zurück. Ohne Schafe und Mais ernährten sie sich von Wurzeln und Grassamen, und sie wagten kein Feuer anzumachen, weil die Soldaten den Rauch sehen könnten.

Bis zum Winter hatten die Navaho ihre Hochburg im Canyon de Chelly erreicht, wo in dem eintausendsechshundert Meter hohen Plateau drei dreihundert Meter tiefe Schluchten klaffen. In den Canyonwänden gab es Hunderte uralter Höhlenwohnungen, die über Kletterpfade, die in den Fels gehauen waren und nur Händen und Zehen einen Halt boten, zu erreichen waren. Auf dem Canyonboden wuchsen mehr als tausend verkrüppelte Pfirsichbäume. »Hier werden wir sicher sein«, sagten die Leute.

»Hier werden wir gefangen«, sagte Manuelito und zog mit einer kleinen Gruppe von Flüchtlingen weiter, um sich in den Bergen zu verstecken.

Im Januar schlossen Kit Carsons Truppen die Navaho im Canyon ein. Sie blockierten alle Fluchtwege und fällten die Pfirsichbäume. Dann fielen rund dreißig Zentimeter Schnee, und die strenge Winterkälte setzte ein. Zusammengekauert in ihren eiskalten Höhlen, ohne Holz für ein Feuer und ohne etwas zu essen – nicht einmal die Rinde der Pfirsichbäume war ihnen geblieben –, gab es für die Navaho nur noch Tod, Hunger oder Gefangenschaft. Einer nach dem anderen gaben sie auf.

Im März begann ihr langer Weg in die Gefangenschaft. Bosque Redondo war dreihundert Meilen entfernt. Siebentausenddreihundertdreiundfünfzig Menschen schleppten sich mit Wagen, auf denen sie die Alten, Verwundeten und Kinder beförderten, mühsam durch ein Land, das so trostlos und leer war wie ihre Herzen.

New Mexico freute sich. In Santa Fe läuteten die Glocken, und der Gouverneur ordnete einen Tag der Danksagung an.

Im Verlauf des Jahres wurden verstreute Banden zusammengetrieben oder ausgeliefert. Unter den letzten, die nach Bosque Redondo geschickt wurden, befanden sich Manuelito und seine kleine Gruppe. »Sweet Carletonia«, so hieß dieses Konzentrationslager, bot einen entsetzlichen Anblick. Inzwischen befanden sich hier achttausendfünfhundert Navaho und rund vierhundert Mescalero-Apachen. Das

Land war ein unfruchtbares Stück Erde, auf dem nichts wuchs als Büffelgras. Es gab kein Holz und kein Trinkwasser. Die Gefangenen lebten in Hütten aus Gestrüpp oder in Erdlöchern. Die Kiowa und Comanchen jagten ihre wenigen Schafe davon, denn das salzhaltige Wasser machte die Tiere krank. Es gab Streit mit den Mescalero-Apachen. Korrupte Regierungsbeamte, Armeeoffiziere und Indianeragenten stahlen die Lebensmittel, die für die Indianer gedacht waren. Als man Fleisch von verendetem Vieh an sie ausgab, starben viele an Fleischvergiftung. Häuptling Barboncito und Ganado Blanco flohen, aber Blanco wurde getötet und Barboncito von Kavalleristen gefangen.

»Oh, um der heiligen Berge unserer schönen Heimat willen!« riefen die Menschen Manuelito zu. »Was sagst du nun?«

Manuelito sagte nichts. Von Steinen schlug er Pfeilspitzen ab, für die er keine Schäfte hatte.

General Carleton sah in Bosque Redondo ein beispielhaftes Gefangenenlager. »Die Indianer in der Reservation«, wiederholte er beharrlich, »sind die glücklichsten Menschen, die ich je gesehen habe.« Aus St. Louis ließ er eine eintausend Pfund schwere Glocke kommen, »um die Arbeits- und Mußestunden der Indianer einzuläuten«. Bezahlt wurde sie von dem wenigen Geld, das die Navaho verdienten, indem sie Stroh an die Kavallerie verkauften. Dann ließ er die männlichen Indianer dreißig Meilen Bewässerungsgräben anlegen und über 1.133 Hektar Mais und Weizen pflanzen. Drei Jahre lang gab es nur Mißernten. Um die Verpflegungskosten für die Navaho auf zwölf Cent pro Kopf und Tag zu verringern, erhielt jeder Gefangene lediglich ein Pfund Rindfleisch und ein Pfund Mais mit einer Prise Salz.

Schließlich erreichten Berichte über das unmenschliche Konzentrationslager, das bereits zehn Millionen Dollar gekostet hatte, auch den Kongress. General William Tecumseh Sherman, der den berüchtigten Marsch quer durch Georgia zur Küste geführt hatte, sowie der Friedenskommissar S. F. Tappas wurden entsandt, um festzustellen, was mit diesen hungernden und verzweifelten Navaho geschehen sollte. Sie beschlossen, die Indianer in ihre Heimat zurückkehren zu lassen, »die so weit als überhaupt möglich abseits von den Weißen und unseren eventuellen künftigen Bedürfnissen liegt«.

Im Jahr 1868 wurde ein Vertrag aufgesetzt und von zwölf Navaho-Häuptlingen, darunter Manuelito, Barboncito und Ganado Mucho, unterzeichnet. Dann zogen die restlichen 7.111 Navaho in einer zehn Meilen langen Prozession in ihre Heimat zurück. Bei Window Rock erhielten sie pro Person zwei Schafe und zwei Ziegen; dann wurden sie in die unwegsame Wildnis entlassen, wo sie voraussichtlich bald sterben würden, ohne den Weißen peinliche Aufmerksamkeit einzubringen.

»Wir haben keine Kleider, kein Werkzeug, keine Gewehre und nichts zu essen«, rief Manuelito, »aber wir sind endlich zu Hause!«

Nun kämpften sie ums Überleben. »Es ist nicht das erste Mal«, meinte Manuelito. »Tötet eure Schafe und Ziegen und verhungert. Oder vermehrt sie und lebt, um zu einem mächtigen Volk heranzuwachsen.«

Manuelito war Häuptling auf der Ostseite der Berge. Ganado Mucho war in sein Grasland bei Ganado zurückgegangen. Barboncito, der dritte oberste Häuptling, lebte in der Nähe von Fort Defiance, das zum Hauptsitz der Regierungsbehörde geworden war. Einige Navaho begannen wieder, Rinder und Schafe zu stehlen, um ihre eigenen Herden zu vergrößern. Um diese Übergriffe zu verhindern, stellte die Regierung eine große Truppe aus Navaho-Spähern zusammen, mit Manuelito an der Spitze.

»Unser Kriegshäuptling ist jetzt ein Friedenshäuptling geworden«, sagten einige vorwurfsvoll. »Was ist los mit dir?«

»Diese Reservation gehört jetzt uns«, antwortete er. »Wir haben einen Vertrag unterschrieben. Wenn wir unser Wort brechen, können wir sie verlieren.« Er kämpfte jetzt ebenso entschlossen mit friedlichen Mitteln für das Land wie er früher mit Pfeil und Bogen dafür gekämpft hatte. Mit einigen anderen Häuptlingen reiste er nach Washington und protestierte gegen die Landvermesser im Navaho-Land.

Ein Beamter erklärte ihnen, daß die Landvermesser eine Schienenstrecke für die Atlantic and Pacific Railway vorbereiteten. Nach dem Gesetz mußten auf beiden Seiten einer vierzig Meilen langen Gleisstrecke zweihundertsechzig Hektar Land an die Eisenbahngesellschaft abgetreten werden.

»Aber das ist nach dem Vertrag unser Land«, protestierte Manuelito. »Wenn ihr uns Land wegnehmt, müßt ihr uns anderes dafür geben. Auch die Regierung muß ihr Wort halten.«

Die Regierung vergrößerte die Navaho-Reservation schließlich auf fünfundzwanzigtausend Quadratmeilen, indem sie die viertausend Quadratmeilen, die sie den Hopi 1882 als Reservation zugestanden hatten, in die Navaho-Reservation miteinbezog.

Bald darauf wurden in der Region Eisenbahnschienen gelegt. Viele Navaho wurden als Hilfsarbeiter eingestellt. Dabei lernten sie, aus dem anfallenden Eisenschrott Schermesser und Pfeilspitzen zu machen. Außerdem erhielten sie »fahrbare Kisten«, die sie jedoch auseindernahmen, um die Eisenteile zu nutzen, weil sie nicht wußten, was sie sonst damit anfangen sollten.

»Das ist nicht gut«, mahnte Manuelito. »Wir haben in den alten Tagen vieles von den Pueblo, den Spaniern und Mexikanern gelernt. Nun müssen wir von den Amerikanern lernen.«

Um ihnen ein Vorbild zu sein, lernte er, Pferde vor seinen Wagen zu spannen und begann, Vorräte von der Eisenbahn nach Fort Manuelito zu befördern.

Nun ging es bei den Navaho allmählich aufwärts. Sie konnten aus Eisen Werkzeuge schmieden, mit denen sie schöne Armreifen, Ohrringe und Ketten aus eingeschmolzenen amerikanischen Silberdollars und mexikanischen Pesos anfertigten. Ihre wenigen Schafe hatten sie zu stattlichen Herden vermehrt, die Wolle in großen Mengen lieferten. Das meiste davon brachten sie nun auf ihren Wagen in das neue Handelszentrum von Gallup. Die Frauen webten wieder Decken, die überall gute Preise erzielten.

Doch Manuelito war noch nicht zufrieden. In dem Vertrag, den er unterzeichnet hatte, versprach die Regierung, Schulen für jeweils dreißig Navaho-Kinder bereitzustellen. Zehn Jahre später gab es gerade eine einzige Schule, die nur elf Schüler hatte; kein Navaho in der Reservation konnte lesen und schreiben. Daß dieser Teil des Vertrages nicht erfüllt worden war, lag unter anderem daran, daß die Navaho weit verstreut in einer riesigen Wildnis ohne Straßen lebten, und daß die Eltern mehr davon hielten, wenn ihre Kinder die Schafe hüteten, statt in einer Weißenschule ihre Zeit zu vergeuden.

Auch hier ging Manuelito mit gutem Beispiel voran und schickte seine beiden Söhne in eine neue Auswärts-Schule für Indianer in Carlisle, Pennsylvania.

»Meine Söhne«, sagte er zu ihnen, als er sie in den Zug setzte, »als ich in eurem Alter war, kämpfte ich mit Pfeil und Bogen gegen die Amerikaner. Nun haben sich Amerikaner und Navaho verändert. Ich bin kein Kriegshäuptling mehr, sondern ein Friedenshäuptling. Die Amerikaner haben viele Dinge, die wir brauchen, damit wir uns zu einem großen Volk entwickeln können. Um sie zu bekommen, müssen wir lesen und schreiben lernen. Also seid fleißig in der Schule, damit ihr als Friedenshäuptlinge zurückkommt und andere unterrichten könnt.«

Tragischerweise starb einer seiner Söhne an Tuberkulose, und der andere kehrte als Invalide zurück. Manuelito begann zu trinken und war als alter Mann in einem jämmerlichen Zustand. Doch selbst dann noch verkörperte er die einzigartige Begabung seine Volkes – Anpassungsfähigkeit. Auch im Alkoholrausch gab er jungen Männern immer wieder den gleichen Rat, den er auch seinen Söhnen gegeben hatte. Er war entschlossen, jemanden zu finden, der als Brücke dienen könne zwischen der alten und der neuen Lebensweise.

Diese Brücke fand er in Kiilchii (Roter Junge) – Henry Chee Dodge –, von dem es hieß, man habe ihn als Säugling auf den Langen Marsch nach Bosque Redondo mitgenommen. Von allem, was Chee Dodge mit dem alternden Manuelito gesprochen hatte, war ihm am besten in Erinnerung geblieben, was er kurz vor seinem Tod im Jahr 1894 zu ihm gesagt hatte: »Mein Enkel, die Weißen haben viele Dinge, die wir Navaho brauchen. Aber wir kommen nicht an sie heran. Es ist, als ob die Weißen in einem grasbewachsenen Canyon wohnten, wo sie Wagen und Pflüge haben und reichlich zu essen. Wir Navaho dagegen sind auf dem trockenen Mesa. Wir hören sie reden, aber wir können nicht zu ihnen. Mein Enkel, Erziehung ist die Leiter. Sorge dafür, daß dein Volk sie nützt.«

Chee Dodge nützte sie, und sagte dann den anderen, wie sie es machen sollten. Er war der erste Navaho, der Englisch lesen und schreiben konnte. Er wurde Partner einer großen Handelsgesellschaft und ein einflußreicher Geschäftsmann, der sowohl das Leben der Amerikaner als auch das der Navaho kannte. Im Jahr 1923 wurde er zum ersten Vorsitzenden des modernen Navaho-Stammesrates gewählt und danach noch zweimal in seinem Amt bestätigt.

In diesen Jahren gelangten die Navaho zu Macht, Wohlstand und Ehre. Regiert von einem gewählten Vorsitzenden und 74 Stammesräten stieg die Bevölkerungszahl dieser »Nation in einer Nation« auf einhunderttausend an. Sie bewohnten eine fünfundzwanzigtausend Quadratmeilen große Reservation, die größte in den Vereinigten Staaten.

Doch dem Aufstieg folgte bald der Niedergang, der durch innere und äußere Ursachen herbeigeführt wurde. Es gab Rivalitäten zwischen der mächtigen Navaho-Nation und der kleinen Hopi-Nation, die vollständig unter die Kontrolle des bundesstaatlichen Bureau of Indian Affairs gefallen war. Dazu kam die Entdeckung von großen Kohlevorkommen in Black Mesa, das beiden Stämmen gehörte.

Die Genehmigung zum Abbau der Kohle erteilte die Regierung jedoch nicht den Indianern, sondern einem fremden Firmenkonglomerat. Anzeichen für weitere Kohle- und Mineralvorkommen in der Hopi-Reservation führten zu einer völlig wirren Gesetzeslage, die vom Anwalt der Hopi mit Unterstützung der Bundesregierung, zugunsten der Hopi genutzt werden konnte. Ein vierhundertachtzig Kilometer langer Stacheldrahtzaun trennte das sogenannte gemeinsame Nutzungsgebiet ab, wobei auf der Hopi-Seite elftausend Navaho lebten, aber auf der Navaho-Seite nur einhundert Hopi. Die Zwangsumsiedlung der Navaho mit ihren Schafen, Häusern, Gräbern und Heiligtümern wurde ein Fehlschlag. Angeführt von den Frauen weigern sich dreihundertfünfzig Familien am Big Mountain nach wie vor, ihre Heimat, die ihnen heilig ist, zu verlassen.

Eine aufschlußreiche Fußnote zum Niedergang der Navaho ist die 1990 nach zwei Stammesgerichtsverfahren ausgesprochene Verurteilung des damaligen Vorsitzenden des Navaho-Stammesrats wegen Mißbrauch des Stammesvermögens, Bestechung, Betrug und persönlicher Bereicherung; mit einer bundesstaatlichen Anklage ist zu rechnen.

IRATABA

Die Mohave waren große Träumer und schenkten ihren Träumen Glauben. Der Traum, den Irataba träumte, war der traurigste, denn er wurde Wirklichkeit und betrog ihn doch. Irataba war noch ein Junge, und seine Welt war klein. Die Mohave lebten auf dem linken Colorado-Ufer unmittelbar unter den schroffen Felsspitzen, den *picachos* oder *The Needles*. Auf dem jenseitigen Ufer erstreckte sich nach Westen hin die Mohave-Wüste, wohin sich der Junge selten wagte. In den zerklüfteten Wüstenbergen im Osten jagte er Kaninchen und Rotwild, wobei er immer geschickter mit Pfeil und Bogen umzugehen lernte. Von hier aus sah er im Norden den Grand Canyon, aus dem der gewaltige rote Fluß hervorkam, und die große Flußbiegung, wo sich der Colorado durch den engen Mohave Canyon den Weg nach Süden bahnte.

Im Frühling, wenn der Schnee auf den Bergen schmolz, verwandelte sich der Fluß in einen reißenden Strom. Wenn dann auf dem Schwemmland Mais, Melonen, Bohnen und Kürbis gepflanzt wurden, half Irataba fleißig mit. In der glühenden Sommerhitze beschmierte er sich Kopf und Körper mit Schlamm, um sich vor lästigen Insekten zu schützen, und döste im Schatten einer mit Weidenruten gedeckten Hütte oder *ramada*. Und wenn die sinkende Sonne den roten Colorado noch röter färbte, badete er in der schlammigen Flut und beobachtete die Krickenten und langbeinigen weißen Reiher im Röhricht. Die Nächte waren Wüstennächte, in denen die Sterne hell und wie zum Greifen nah am Himmel standen. Es waren Nächte zum Träumen. In einer solchen Nacht träumte Irataba, er würde der mächtige Häuptling aller Mohave werden.

»Aber ich warne dich«, sagte die Traumgestalt zu ihm. »Du wirst neue und seltsame Dinge sehen, die kein Mohave je gesehen hat. Und du darfst nie Angst davor haben, auch wenn sie noch so neu und seltsam sind. Nur so kannst du ein mächtiger Häuptling werden.«

Irataba merkte sich diese Worte, während er heranwuchs und beinahe so groß wurde wie Cairook, der Häuptling. Alle Mohave waren groß und ungewöhnlich stark, aber Cairook war der größte und stärkste. Barfuß maß er nahezu zwei Meter. Sein mächtiger Körper war nur von einem Lendenschurz bedeckt. Schwanen-, Reiher- und Geierfedern schmückten sein langes Haar. Wenn er in den Krieg zog, schwang er drohend seine Kriegskeule – eine Waffe, die wie ein gewaltiger Kartoffelstampfer aussah und die Mohave den Fluß entlang zu gefürchteten Gegnern machte.

Die Mohave führten oft Krieg gegen die Chemehuevi, die den Fluß heraufkamen, um Mais, Kürbis und Melonen zu stehlen; gegen die Paiute, die nachts von der großen Wüste herunterschlichen; oder gegen die Conina-Leute, kleine Banden von Walapai, Yavapai und Havasupai, die auf dem felsigen Plateau umherstreiften. Cairock stellte seine Krieger immer in der gleichen Schlachtordnung auf: Die Männer mit Pfeilen und Bogen nach vorn, um den Gegner in Schach zu halten; dahinter die Keulenschwinger, die in ihrem Schutz vorrückten, bis sie nah genug am Feind waren, um ihre mächtigen Kriegskeulen herumzuschleudern und Körper und Köpfe wie reife Kürbisse zu zerschmettern.

»*Ahothka*! Gut!« riefen die Mohave, wenn sie gesiegt hatten. »So sind wir die Herren am Fluß!« Dann kehrten sie in ihr Tal zurück, um faul in der Sonne zu sitzen und unter den Wüstensternen zu träumen.

Im Jahr 1849, als die »neuen und seltsamen Dinge«, von denen der junge Irataba geträumt hatte, tatsächlich eintrafen, war er ein erwachsener Mann und der bewährteste Häuptling unter Cairook. Von Süden näherte sich eine große Gruppe weißer Männer mit Pferden und Maultieren und zwei großen Kisten, die über den Boden rollten. Den mehreren hundert Mohave, die sich um die Fremden versammelt hatten, erklärte der Dolmetscher den Grund ihres

Kommens. Die Kisten auf Rädern waren Wagen, und die weißen Häuptlinge, Leutnant Amiel Whipple und Leutnant J. C. Ives, erkundeten einen Weg, auf dem bald viele Wagen nach Westen zum Großen Wasser fahren würden. Und als ob dies alles nicht schon seltsam genug wäre, nahm einer der weißen Häuptlinge einen Zahn aus seinem Mund und steckte ihn wieder hinein.

»Die weißen Häuptlinge brauchen die Hilfe der Mohave«, schloß der Dolmetscher. »Wollt ihr ihnen über den Fluß helfen?«

Irataba und andere kräftige Schwimmer brachten ein Seil auf das andere Ufer, an dem sie das auf ein Gummiponton verladene Gepäck sowie die zwei Wagen hinüberzogen. Dann trieben sie die Pferde und Maultiere durch den Fluß.

»Jetzt brauchen wir tapfere Mohave, die uns durch die Wüste führen«, verkündete der Dolmetscher. »Es wird Geschenke für sie geben.«

Cairook und Irataba führten den Erkundungstrupp durch die wasserlose Wüste des Paiute-Lands bis zum Old Spanish Trail, der von Nevada ins südliche Kalifornien führte. »Ich werde meine Freunde nicht vergessen«, sagte Leutnant Ives zu Irataba, als sie sich trennten. »Ihr wart uns Weißen eine große Hilfe.«

Einige Jahre später kam eine andere große Gruppe weißer Männer von Osten. Sie wurde von E. F. Beale geführt, der entlang des 35. Breitengrades eine direkte Verkehrsverbindung vom Rio Grande zum Colorado anlegte. Die gut zu überquerende Furt, die er fand, nannte er Beale's Crossing. Wieder half Irataba beim Übersetzen, so daß die Weißen nach Kalifornien weiterziehen konnten.

Im selben Winter bot sich den Mohave ein ganz unglaublicher Anblick. Ein Wächter, der flußabwärts über dem Canyon postiert war, ließ eine dünne Rauchsäule in den Himmel steigen, ein Warnsignal, das von allen Mohave gesehen wurde. Nun kamen sie von ihren *rancherias* gelaufen und versammelten sich am Fluß – die riesigen Männer im Lendenschurz, die kleinen Frauen mit den schweren Brüsten in kurzen Rindenröcken, und die nackten Kinder. Alle blickten fasziniert auf ein großes Dampfschiff, das schwarze Rauchwolken und schrille Pfiffe ausstoßend den Fluß heraufkam.

»*Ahothka*!« riefen die Frauen und deuteten auf das Schaufelrad, das in ihrer Lieblingsfarbe, einem hellen Rot, bemalt war. »Seht, wie es ins Wasser taucht und sich dreht, ohne daß jemand es bewegt!«

Das Dampfschiff hielt an. Weiße Männer ruderten ans Ufer, verteilten Saatgut und tauschten bunte Perlen gegen Mais und Bohnen. Der weiße Häuptling ging auf Irataba zu, der abwartend in der Nähe stand. »Irataba! Ich habe gesagt, daß ich dich nicht vergessen würde.«

Irataba lächelte. Es war Leutnant Ives, den er mit einem Erkundungstrupp durch die Wüste geführt hatte.

»Und wo ist Häuptling Cairook?«

Irataba wies zum Fluß. Cairook stand aufrecht auf einem Floß, das von vier Mohave-Schwimmern, einer an jeder Ecke des Flosses, zum Ufer gesteuert wurde. Dann begann das Gespräch. Ives erklärte, daß er mit dem kleinen Heckraddampfer, der *Explorer*, auf Erkundungsfahrt zum Grand Canyon sei; er wollte, daß Irataba als Führer mitkäme.

Es war eine beängstigende Vorstellung, auf diesem seltsamen Boot zum geheimnisumwitterten Großen Canyon zu reisen, wo die Hualapai lebten. Aber Irataba willigte mutig ein und überredete Nah-vah-roo-pa, einen sechzehnjährigen Jungen, ihn zu begleiten. Die *Explorer* pfiff noch ein paarmal zum Abschied, dann dampfte sie auf dem großen Colorado flußaufwärts.

Irataba saß an Deck und wies auf die Sandbänke hin, die umfahren werden mußten, warnte vor Stromschnellen und zeigte dem Steuermann, wo er nachts am besten vor Anker ging. Nach einigen Tagen wurden die Stromschnellen wilder und die schwarzen Klippen auf beiden Seiten höher und höher. Dann, am Eingang zum gefährlichen Black Canyon, rammte die *Explorer* plötzlich einen unter Wasser liegenden Felsen.

Irataba fiel der Länge nach auf das Deck und dachte, der Canyon sei eingestürzt. Als er sich aufrappelte, sah er, daß die Männer, die sich in der Nähe des Bugs aufgehalten hatten, durch den Aufprall vom Schiff geschleudert worden waren. Der Dampfkessel befand sich nicht mehr an seinem richtigen Platz, und das Ruderhaus war weggerissen. »Ins Beiboot, bevor das Schiff sinkt!« rief Ives.

Die Besatzung lagerte am Ufer und blickte düster auf die klägliche Menge an Mais und Bohnen, die sie vom Wrack hatten bergen können. »Ich werde zurückgehen, um Lebensmittel zu holen«, sagte Irataba. »Aber gebt acht. Ich habe im Dickicht auf dem anderen Flußufer einen Paiute gesehen.«

Etliche Tage später kehrte er mit einer Tragtierkolonne zurück, die dem Dampfer gefolgt war. Und nun, im Vertrauen auf seinen Traum, der ihm gesagt hatte, daß er sich vor nichts fürchten solle, führte er den Erkundungstrupp in die geheimnisvollen Tiefen des Grand Canyon. Hier stieß er auf einige Hualapai, die sich bereit erklärten, die Weißen in Richtung des östlich gelegenen Fort Defiance weiterzuführen. Erst dann machte er sich auf den Heimweg.

Zu Hause fand er einen mißmutigen Cairook vor, der sich schon das ganze Frühjahr über wegen dieser beunruhigenden Ereignisse Sorgen machte. Schließlich rief er seine fünf Unterhäuptlinge zu einer Besprechung. »Was geschieht mit unserem Tal?« fragte er. »Weiße Männer kommen von Osten und gehen nach Westen. Weiße Männer kommen von Süden und gehen nach Norden. Hier kreuzen sich alle ihre Pfade. Unser Friede ist dahin. Wir sind die Herren des Colorado. Was sollen wir tun?«

Als er keine Antwort erhielt, fuhr er fort: »Ich sage dies: Laßt die weißen Männer einen anderen Flußübergang finden, weiter oben oder weiter unten. Aber nicht hier. Wenn sie das nächste Mal kommen, werden wir sie aufhalten. Die Zeichen sind gut. Die *hota*, unsere Sänger und Medizinmänner, haben magische Steinkreise auf den Pfad gelegt, auf dem sie kommen werden. Und jemand hat einen Traum gehabt von einem großen Feuerstern mit einem flammenden Schweif. Es ist ein Stern, der Krieg und Blutvergießen verheißt. Was sagt ihr?«

Irataba, der ein Freund der Weißen war, sagte nichts. Doch als er das dumpfe Murren der anderen hörte, wußte er, was es bedeutete.

Im Spätsommer näherte sich ein Wagenzug – der erste große Auswanderertreck, der auf der Route am 35. Breitengrad ins sonnige Kalifornien unterwegs war. Ein reicher Farmer aus Iowa, Leonhard John Rose, hatte von der großen neuen Fahrstraße gehört und beschlossen, nach Kalifornien auszuwandern, wo er Traberpferde züchten wollte. Mit einer großen Planwagenkolonne brach er auf, begleitet von seiner siebenköpfigen Familie, der Familie seines Vormanns und einigen Männern, die sich um den prachtvollen schwarzen Hengst Black Morrill, sechzehn Traberpferde und zweihundert Durham-Rinder zu kümmern hatten. Zwei Monate später erreichten sie Albuquerque in New Mexico, wo sich ihnen acht weitere Familien mit ihren Herden anschlossen. Dann ging es weiter über die Great Wagon Road, bis sie zwei Monate später den Gipfel der Wüstengebirge erreichten und auf den Colorado hinunterblickten.

Rose ritt mit einem Teil der Männer hinunter zu Beale's Crossing, um die Tiere zu tränken und Flöße zu bauen; die anderen blieben auf dem Gebirgskamm zurück. Sie hatten gerade begonnen, das Mittagessen zu kochen, als die Mohave angriffen. Ein Mann nach dem anderen fiel, von Pfeilen durchbohrt oder von Keulen erschlagen. Die Frauen brachten ihre Kinder in die Planwagen und wickelten sie in Federbetten, um sie vor den Pfeilen zu schützen. Aber die Pfeile drangen auch durch die Kissen und töteten drei Kinder. Dem großen Hengst Black Morrill, der zornig schnaubte und ausschlug, schnitten die Mohave die Kehle durch. Dann stürzten sie sich auf die Herden unten am Fluß.

Der Kampf dauerte bis in die Nacht. Im Dunkeln schlichen Rose und die Überlebenden zu den Planwagen hinauf. Acht aus ihrer Gruppe waren tot und dreizehn verwundet.

Von den dreihundert Tieren waren ihnen nur acht Pferde und zwölf Rinder geblieben. Sie luden die Verwundeten auf einen Wagen und die Kinder auf einen zweiten, Männer und Frauen mußten zu Fuß gehen, und begannen den umständlichen Rückweg nach Albuquerque. Als sie durch die Dunkelheit stolperten, während die Verwundeten stöhnten und die Kinder weinten, sahen sie über sich einen großen feurigen Stern mit einem flammenden Schweif über den Himmel jagen.

Nach diesem schockierenden Massaker marschierte Colonel William Hoffman mit fünfzig Dragonern von Kalifornien aus über die Mohave-Wüste. Die Mohave griffen an und trieben die Soldaten zurück. Ein Vierteljahr später kam der Colonel wieder mit vier Kompanien Infanterie, die mit dem Schiff von San Francisco in den Golf of California und den Colorado hinaus bis Fort Yuma gefahren waren. Von hier aus marschierten sie mit drei weiteren Kompanien und vierhundert Packtieren flußaufwärts bis Beale's Crossing, wo immer noch Wagentrümmer, verkohlte Skelette und Haarbüschel von Menschen herumlagen.

Über dreihundert Mohave-Krieger erwarteten die Amerikaner, aber sie wagten es nicht, eine so große Armee anzugreifen. Colonel Hoffman berief sofort eine Ratsversammlung ein. Aus Baumstämmen und Sträuchern wurde eine große *ramada* gebaut, um die sich alle bewaffneten Mohave und Soldaten versammelten. Im Inneren saßen Colonel Hoffman und seine Offiziere sowie Cairook, seine fünf Häuptlinge und die Dolmetscher. Der alte Cairook trug eine kleine Glocke um den Hals, in seinem Lendenschurz steckten ein Messer und eine rostige Schere. Der 1,92 Meter große Irataba saß neben ihm.

Das »Lange Gespräch« begann. Alles, was gesprochen wurde, mußte in Englisch, Spanisch, in die Yuma- und die Mohave-Sprache übersetzt werden. Colonel Hoffman – »Häuptling des Großen Weißen Hutes« – stellte seine Bedingungen.

»Die Mohave werden nie wieder weiße Männer belästigen, die durch ihr Land reisen. Wir Amerikaner werden hier bei Beale's Crossing ein Fort bauen, um dafür zu sorgen, daß der Frieden eingehalten wird. Nun zeigt mir den Häuptling, der den Angriff auf den Wagenzug angeführt hat.«

Cairook war ein stolzer und aufrichtiger Mann. »Das war ich.«

»Zur Strafe wirst du mir drei Häuptlinge und die Oberhäupter der sechs führenden Mohave-Familien als Geiseln überlassen.«

Cairook bot sich selbst als Gefangener an, zusammen mit den Häuptlingen und Clan-Führern. Sie wurden in Ketten nach Fort Yuma gebracht. Die Soldaten blieben und gründeten Fort Mohave am 28. April 1859.

Im Juni erhielt Irataba die Nachricht von Cairooks Tod. Der Mann, der sie überbrachte, war eine der Geiseln. Er war nackt, erschöpft, halb verhungert und blutete aus zahlreichen Wunden.

Irataba gab ihm zu trinken. »Sag mir, was geschehen ist.«

Der Mann berichtete, daß die Geiseln in einer kleinen Hütte eingesperrt wurden, die völlig ungeschützt in der brennenden Wüstensonne stand. Die Hitze in der Hütte war so qualvoll, daß einer der Häuptlinge die Wachen bat, ihm die Kehle durchzuschneiden. Die Gefangenen litten so offensichtlich, daß die Wachen ihnen die Ketten abnahmen und ihnen erlaubten, auf die Veranda zu gehen und Luft zu schnappen, allerdings streng bewacht von Soldaten mit Musketen und aufgepflanzten Bajonetten. Cairook dachte sich einen Fluchtplan aus, und seine Mitgefangenen waren bereit, ihn auszuführen. Als sie am nächsten Tag die Hütte verlassen durften, packte der alte Mann einen der Wachposten, während die anderen acht Gefangenen zum Fluß rannten. Ein Soldat stieß Cairook das Bajonett in den Leib. Er versuchte trotzdem noch, den Fluß zu erreichen, bis er von einer Kugel tödlich getroffen wurde. Vier der anderen Flüchtlinge wurden ebenfalls erschossen. Die übrigen entkamen.

Während Irataba dumpf über den Tod des alten Häuptlings grübelte, versammelten sich zahlreiche Mohave vor seiner *ramada*. Er ging hinaus und wartete, bis sie ruhig waren.

»Cairook, der Häuptling ist tot. Wir haben sein Heim und seine Besitztümer verbrannt, wie es sich gehört«, sagte ein Sprecher. »Irataba ist Häuptling.«

Irataba reckte sich stolz. »Es ist, wie ich es geträumt habe. Ich werde euer Häuptling sein.«

Er regierte sein Volk gut. Die Amerikaner flußauf und flußab sprachen von ihm als »Häuptling der Mohave, des großen Stammes des Colorado-Tals« und sahen in ihm »das schönste Beispiel unverfälschter Männlichkeit auf diesem Kontinent«. Doch als immer mehr Auswanderer durch das Indianerland zogen und Goldsucher eine Siedlung namens La Paz bauten, machten sich die Weißen Sorgen, daß sich die Mohave erneut erheben könnten.

»Iratabas Einfluß garantiert den Frieden am Fluß und ist mehr wert als ein Regiment Soldaten«, sagte John Moss, ein alter Führer und Scout. »Wir sollten ihn nach Washington bringen und ihm die Überlegenheit und die Macht des weißen Mannes vor Augen führen.«

Die Reise wurde arrangiert und Irataba erklärte sich bereit mitzugehen. Nun verwirklichte sich sein Großer Traum in seiner ganzen Herrlichkeit. Irataba und Moss reisten nach Los Angeles und fuhren von San Pedro aus mit dem Dampfer *Senator* nach San Francisco. Irataba, »vollkommen zivilisiert gekleidet« in einem schwarzen Anzug und mit einem riesigen Sombrero auf dem Kopf, wurde überall mit Beifall begrüßt. »Er ist ein großer Indianer in jeder Hinsicht«, berichtete die Zeitung *Daily Evening Bulletin* am 2. Dezember 1863. »Eine Erscheinung wie aus dem Granit der Lower Coast Mountains, mit einem Kopf nur geringfügig kleiner als der eines Büffels und einem Unterkiefer, der stark genug ist, um Nüsse zu knacken oder Quarz zu brechen«.

Im Januar 1864 fuhren die beiden Männer an Bord der *Orizaba* nach New York. Bei ihrer Ankunft – Irataba trug die Uniform eines Generalmajors aus feinem Tuch mit gelber Schärpe – wurde dem Mohave eine mit bunten Steinen besetzte goldene Ehrennadel angesteckt, an der eine große Medaille hing mit der Inschrift:»Irataba, Häuptling der Mohave, Arizona Territory«. In dieser Aufmachung wurde er in New York, Philadelphia und Washington herumgereicht. Überall kündigte ein Menschenauflauf sein Erscheinen an. Regierungsbeamte verliehen ihm Orden, Armeeoffiziere schenkten ihm Zierdegen, und er wurde photographiert. Schließlich ging er mit Geschenken beladen und als berühmter Mann wieder an Bord und fuhr mit Moss zurück nach San Francisco und Los Angeles und von dort in einem Wagen nach Beale's Crossing.

Am Tag nach seiner Rückkehr trat Irataba vor sein Volk. Er trug einen Dreispitz, seine mit Orden geschmückte Generalmajorsuniform mit der gelben Schärpe und am Gürtel ein japanisches Langschwert. Er berichtete den Mohave von all den neuen und seltsamen Dingen, die er gesehen hatte – dem Großen Wasser im Westen und Osten, den Schiffen mit den weißen Flügeln und den fauchenden Dampfwagen, den endlosen *rancherias*, wo es von weißen Menschen wimmelte, den großen Canyons aus Stein und weißem Eisen, die höher waren als die Wände des Mohave Canyon, von all dem Reichtum, dem Glanz und der Macht, die er gesehen hatte.

»So hat es mir mein Großer Traum vorausgesagt. Jetzt ist er wahr geworden. Mit meinen eigenen Augen habe ich es gesehen«, sagte er. Da lachte einer in der Menge, und ein anderer rief:»Irataba, der größte Lügner am Colorado!« Seine eigenen Leute glaubten ihm nicht. Er hatte sein Ansehen im Stamm verloren und wurde als der größte Lügner am Colorado bekannt.

Doch er half den Mohave weiterhin bei ihrem Kampf gegen die Chemehuevi. Als die Mohave-Krieger eines Tages vor den Paiute fliehen mußten, verhedderte sich Generalmajor Irataba mit seiner protzigen Uniform im Gestrüpp und wurde gefangengenommen. Die Paiute töteten ihn nicht, weil sie fürchteten, die Truppen im Fort würden seinen Tod rächen. Aber ihre Folter war grausamer. Sie zogen ihm seine Uniform aus und schickten ihn nackt und blutig geschlagen zu seinem Volk zurück.

»Häuptling Irataba! Der größte Lügner am Colorado!« höhnten die Mohave, als er erschöpft in sein Dorf wankte. »Nicht einmal die Paiute wollten ihn töten!«

Erniedrigt und beschämt ging er nun sowohl seinem eigenen Volk als auch den Weißen aus dem Weg und zog in eine kleine, einsame Hütte. Bei Morgengrauen stand er auf, um die Sonne zu begrüßen und sein Feld mit Mais, Kürbis und Melonen zu bestellen. In der Mittagshitze kehrte er in den Schatten zurück und bestrich Kopf und Körper mit Schlamm, um sich vor den Insekten zu schützen. Wenn die sinkende Sonne den roten Colorado noch röter färbte, badete er in der schlammigen Flut und schaute den Krickenten zu und den weißen Reihern im Röhricht. Dann war es Zeit, zu schlafen und zu träumen.

Irataba hatte einst einen Großen Traum, aber der Traum hatte ihn betrogen. Nun lag er unter dem Sternenhimmel der Wüste und lauschte dem großen Fluß. Nur der Fluß und die Sterne hatten ihn nie enttäuscht.

Mit der Zeit besserte sich das Verhältnis zwischen ihm und seinem Volk. Überall am Fluß entstanden Minen, Städte wurden gebaut, immer mehr Weiße kamen durch das Tal und brachten neue und seltsame Dinge. Alles, was Irataba seinen Leuten erzählt hatte, bewahrheitete sich. Aber die Macht der Herren am Fluß war gebrochen. Sie würden nie mehr einen Häuptling haben, der seine Stelle einnahm. Er war der letzte unabhängige Häuptling der Mohave.

Als er starb, verzieh ihm sein Volk. Sie verbrannten seinen Leichnam, seine Hütte und all seine Habe, wie es der Brauch verlangte. Danach verbrannten sie ihr altes Dorf zum Zeichen ihres größten Respekts. Sie nahmen kein Salz zu sich und keine Nahrung. Sie trauerten wie Menschen jeder Rasse und jeder Nation, die den Träumen und Visionen ihrer größten Führer erst glaubten, als es zu spät war.

Die kriegerischen Reiter
der Great Plains

Vom Missouri bis zu den Rocky Mountains und von Kanada
bis nach Mexiko erstreckten sich die Great Plains – ein Meer
aus Gras, so grenzenlos wie der Himmel, der sich darüber
wölbt. Dies war einst das Land der Büffel. Millionen und
Abermillionen Bisons zogen wie Wolkenschatten über die
Ebenen. Und es war auch Indianerland mit vielen Stämmen,
die alle vom gleichen leidenschaftlichen Stolz eines Volkes
geprägt waren, das seit undenklichen Zeiten dieses weite
Land durchstreifte, frei wie der Wind, der darüberwehte.

Es waren die schnellen, kriegerischen Reiter der Great
Plains, diese Zentauren in fransenbesetzten Wildlederhosen,
mit prächtiger Bemalung und knielangen Federhauben, die
für die ganze Welt den Indianer verkörperten.

In einem großen Friedensvertrag, der 1851 bei Fort
Laramie zustandekam, wurden für die größeren Stämme
ungefähre Grenzen festgelegt. Alle Ebenen südlich des
North Platte River bis zum Arkansas River und östlich der
Rocky Mountains durch Colorado, Kansas und Nebraska
wurden den Cheyenne und Arapaho zugeteilt. Das Land
südlich des Arkansas im Pfannenstiel von Texas und in
Oklahoma, war für die Kiowa und Comanchen bestimmt,
und das Land nördlich des Platte River in Wyoming und
Montana bekamen die Dakota, die größte Sprach- und
Völkerfamilie der Sioux. Weiter im Norden und Westen
erstreckte sich das Streifgebiet der Blackfeet, Crow und Nez
Percés.

Auf jeder Route nach Westen und zum Pazifik begegne-
ten die Planwagenzüge diesen kriegerischen Reitern und
wurden von ihnen überfallen, angeführt von Häuptlingen,
deren Namen unvergeßlich geworden sind.

White Antelope singt sein Todeslied

White Antelope (Weißer Gabelbock) und Black Kettle (Schwarzer Kessel), Häuptlinge der südlichen Cheyenne, standen vor einem ernsten Problem, denn ihre jungen Männer wollten Krieg.

Im Friedenvertrag von 1851 waren ihnen einhundertzweiundzwanzigtausend Quadratmeilen Plains zugeteilt worden, doch die Weißen hatten diesen Vertrag in dem sieben Jahre später einsetzenden Pike's Peak-Goldrausch einfach negiert. Tausende von Planwagen waren mit dem aufgemalten Slogan »Pike's Peak or Bust« über die Ebenen gerollt. Als am Pike's Peak dann doch kein Gold gefunden wurde, entstand einige Meilen weiter nördlich, am Cherry Creek und am Platte River, eine neue Siedlung namens Denver. Im Süden, entlang der Arkansas, zog eine Wagenkolonne nach der anderen in Richtung Westen nach Santa Fe.

Auf den Prärien nahm die Zahl der weißen Büffeljäger überhand. Die riesigen Büffelherden bildeten die wirtschaftliche und kulturelle Basis der Cheyenne und ihrer engen Verbündeten, der Arapaho. Der Bison gab ihnen Nahrung – frisches Fleisch im Sommer, gedörrtes oder zerstoßenes und mit getrockneten Beeren vermischtes im Winter. Er gab ihnen das Tipi, ein kegelförmiges Stangenzelt aus Büffelhaut, das so geräumig war, daß eine große Familie bequem darin wohnen konnte; warme Mäntel zum Schutz gegen die eisigen Winterstürme; Hemden, Kleider und Mokassins, die sie mit Fransen besetzten und mit bunten Perlen und Stachelschweinborsten verzierten; Sehnen zum Nähen und zum Bespannen ihrer Bogen. Und er war ihr religiöses Symbol.

Doch der gebrochene Vertrag und die schrumpfenden Bisonherden waren nicht der einzige Grund für die Rastlosigkeit der jungen Krieger. Sie liebten den Krieg. Sie waren dafür geboren. Nahezu jeder Junge wurde in einer der sieben Krieger- oder Soldatengesellschaften des Stamms eingeführt.

Von diesem Zeitpunkt an war er unterwegs, und das Pferd gab ihm die Möglichkeit, von Horizont zu Horizont zu eilen. Er konnte zum Lager eines Feindes reiten, dessen Pferde in die Flucht jagen und dann wie der Wind verschwinden. Es gab auch Nahkämpfe und Schlachten. Einen Besiegten zu skalpieren hielten die Cheyenne im allgemeinen für unter ihrer Würde. Persönliche Tapferkeit und viele kühne und erfolgreiche Taten brachten die meiste Ehre. Es war nicht nötig, einen Feind zu töten, um zu Ruhm zu gelangen. Man mußte nur nah genug an ihn herankommen, um ihn mit der Waffe oder der bloßen Hand zu berühren.

Krieg war ein Spiel, aber es war ein tödliches Spiel. Die Cheyenne waren besonders hochgewachsen und die größten unter den Prärie-Indianern. Sie waren furchtlos und gefürchtet, was ihnen den Namen Fighting Cheyenne eintrug. Die verwegensten Krieger ihrer sieben Kriegergesellschaften waren die der Hunde-Soldaten-Gesellschaft, und die vier tapfersten Mitglieder dieser Gesellschaft durften die Hundeleine im Kampf verwenden — einen ungefähr drei Meter langen, verzierten Lederriemen, an dessen einem Ende ein Holzpflock befestigt war. Das andere Ende schlang sich der Krieger um das Handgelenk. Im wildesten Kampfgewühl sprang er vom Pferd, rammte den Holzpflock in die Erde und kämpfte am Ende seiner kurzen Leine, bis er fiel oder der Feind zurückgeschlagen war.

Kein Wunder also, daß der alternde Häuptling White Antelope seine jungen Männer nicht abhalten konnte, die verhaßten Weißen anzugreifen. Als er mit den anderen Cheyenne- und Arapaho-Häuptlingen im Rat saß, sagte er mit müder Stimme, daß es nur eine Lösung gab: Sie mußten einen neuen Vertrag unterzeichnen, in dem sie ihr ganzes Land aufgaben für eine Reservation am Arkansas River im südöstlichen Colorado. Dort könnten sie mit dem Geld von der Regierung landwirtschaftliche Geräte kaufen und das Land bestellen.

Daraufhin sagte Big Mouth: »Kannst du dich an eine Zeit erinnern, in der du als Hunde-Soldat vor einem Feind den

Kopf geneigt hättest, deine Pferde aufgegeben und einen Schlag auf einen Kürbis als Pluspunkt gezählt hättest?«

White Antelope antwortete ebenso ruhig: »Ich erinnere mich an eine Zeit, als es in unserem Land keine weißen Männer gab.«

»Ich werde unterschreiben«, sagte Black Kettle, den das Alter weise gemacht hatte.

Alle führenden Häuptlinge unterzeichneten 1861 den neuen Vertrag: Little Raven, Storm, Big Mouth für die Arapaho; White Antelope, Black Kettle, Lean Bear für die Cheyenne; und noch viele andere. Die Hunde-Soldaten und andere kleine Banden verweigerten die Unterschrift und bezeichneten den Vertrag als Betrug.

Drei Jahre später lebte noch immer kein Indianer in der Reservation, die für sie ausgewiesen war, denn auf dem Land, das ihnen gehören sollte, war eine militärische Schutzzone eingerichtet worden, die es ihnen unmöglich machte, dort Landwirtschaft zu betreiben. Am Arkansas wurden neue Forts gebaut, um die Tausende von Wagen auf dem Santa Fe Trail zu schützen – Wagen, die immer größer wurden und ganze Züge bildeten mit Tonnen von Fracht, die von Ochsen statt von Maultieren gezogen wurden. Berufsmäßige Büffeljäger, die nur die Häute mitnahmen und die Kadaver in der Sonne verrotten ließen, schlachteten die großen Herden so schnell ab, daß es in der Reservation innerhalb von hundert Meilen keinen Bison mehr gab. Vom Hungertod bedroht, streiften die Cheyenne und Arapaho weiterhin durch die Ebenen auf der Suche nach Büffeln, und dann überfielen sie häufig die Wagenzüge.

Im Januar 1864 schrieb ein Kongreßabgeordneter an den Kommissar für indianische Angelegenheiten, er habe die traurige Pflicht, ihn zu ersuchen, die in Fort Lyon am Arkansas stationierten Truppen von der Reservation abzuziehen und in eine Gegend zwischen den Indianern und den weißen Siedlungen im Norden zu verlegen. Sein Ersuchen wurde ignoriert.

Ende Juni forderte Gouverneur Evans vom Territorium Colorado in einer öffentlichen Bekanntmachung alle freundlich gesinnten Cheyenne und Arapaho auf, nach Fort Lyon zu gehen; alle feindlich gesinnten würden verfolgt und getötet werden. Um mit Gouverneur Evans zu einer friedlichen Einigung zu gelangen, wurden Black Kettle, White Antelope und sechs andere Häuptlinge im September von Major Edward Wynkoop, dem kommandierenden Offizier von Fort Lyon, der den Indianern wohlwollend gegenüberstand, nach Denver geholt. Doch Evans bestand darauf, daß die Cheyenne und Arapaho nach Fort Lyon zu gehen hätten, und lehnte den Friedensvertrag ab. White Antelope und Black Kettle willigten ein und zogen nach ihrer Rückkehr mit ihren Stämmen in ein Lager am Sand Creek, ungefähr vierzig Meilen nordöstlich von Fort Lyon. Hier schloß sich ihnen eine Gruppe hungernder Arapaho unter Häuptling Left Hand an.

Major Wynkoop, der Kommandant von Fort Lyon, wurde streng gerügt, weil er die Häuptlinge nach Denver gebracht hatte, und man warf ihm vor, er sei zu freundlich zu den Indianern. Anfang November wurde er von Major Scott J. Anthony abgelöst. Anthony versicherte Black Kettle und den anderen Friedenshäuptlingen, daß sie in ihrem Lager am Sand Creek sicher seien. Doch es war ein unaufrichtiges Versprechen. Er beschwor die Indianer, dort zu bleiben, nur um sie in Reichweite zu haben, bis er Verstärkung bekam. Dann wollte er sie erst angreifen und anschließend ein größeres Dorf auf Smoky Hill, das sechzig Meilen weiter nördlich lag, angreifen.

Die Verstärkung war bereits unterwegs, denn es war Wahljahr, und Reverend John M. Chivington aus Denver, ein stattlicher ehemaliger Ältester der methodistischen Episkopalkirche und religiöser Fanatiker, der sich der »Rächende Engel« nannte, bewarb sich um das Amt eines Kongreßabgeordneten, nachdem das Territorium Colorado den Antrag auf Eigenstaatlichkeit gestellt hatte. Für den Fall, daß Colorado nicht als Staat in der Union zugelassen werden sollte, kandidierte er auch für das Amt des Territoriumsabgeordneten. Um sich beliebt zu machen, regte er gemeinsam mit Gouverneur Evans die Aufstellung einer Miliz aus Hundert-Tage-Freiwilligen an, die Colorado vor den Raubüberfällen der Cheyenne und Arapaho schützen sollte. Chivington wurde zum befehlshabenden Offizier ernannt. Seine vier berittenen Kompanien der Colorado Volunteers waren alles andere als Soldaten. Es waren Rowdys und Schläger, die sich in den letzten Grenzgebieten herumgetrieben hatten und nur eines wollten: Indianer erschießen.

Chivington traf am 28. November mit seinen Truppen in Fort Lyon ein. Er ließ sofort den Posten mit einer Feldwache umstellen und untersagte jedem unter Androhung der Todesstrafe, das Fort zu verlassen. Dann berief er eine Stabsversammlung ein, auf der er gebieterisch erklärte, er werde das Indianerlager am Sand Creek angreifen. Einige von Major Anthonys Offizieren protestierten, weil den Häuptlingen Sicherheit garantiert worden war.

Daraufhin schlug der »Rächende Engel« mit der Faust auf den Tisch. »Verflucht sei jeder, der mit den Indianern sympathisiert! Männer wie Sie sollten aus der Armee austreten. Ich bin hier, um Indianer zu töten!«

Am Abend des 28. November verließen die Truppen Fort Lyon: Chivingtons vier berittene Kompanien mit rund siebenhundert Colorado Volunteers mit zwei Zwölf-Pfünder-Gebirgshaubitzen, und Major Anthonys 125 Mann starke Truppe mit zwei Haubitzen. Robert Bent und der bekannte Führer Jim Beckwourth, inzwischen ein alter Mann von neunundsechzig Jahren, wurden gezwungen, als Führer mitzugehen. Die lange Viererkolonne ritt im Kavallerietempo – abwechselnd Schritt, Trab und Galopp. Die Büffelsuhlen waren von Schnee bedeckt, und an den Grasbüscheln glitzerte der Rauhreif. Die Männer ritten die ganze Nacht.

Bei Morgengrauen hielten sie an. »Der Sandy!« murmelte ein Führer. Vor ihnen lag ein breiter sandiger Fluß, den eine dünne Eisschicht bedeckte. Am Nordufer erstreckte sich, rauchgrau im Dämmerlicht, eine lange Reihe Büffelhautzelte – ungefähr einhundert Tipis von Cheyenne aus dem Süden und vielleicht zwanzig weitere von den Arapaho. Die meisten Männer waren auf die Jagd gegangen; nur sechzig waren im Dorf geblieben, die Hälfte davon Alte und Kranke. In den Zelten befanden sich überwiegend Frauen und Kinder.

Ein Indianer, der zum Fluß ging, um Wasser zu holen, schlug Alarm. Die aufgeschreckten Cheyenne und Arapaho stürzten aus ihren Zelten. Black Kettle hißte die amerikanische Flagge und rief seinen Leuten zu, sie bräuchten keine Angst zu haben. Man hatte ihnen doch Sicherheit versprochen.

Colonel Chivington gab seine Befehle: »Tötet und skalpiert alle Indianer, ob groß oder klein! Aus Nissen werden Läuse!« Die Haubitzen schossen. Dann griff die Kavallerie an. Black Kettle rannte mit seiner Frau auf dem Arm, die von neun Kugeln verwundet war, zu den Sandgruben und konnte sich retten. Hinter ihm wurden One-Eye, Yellow Wolf, War Bonnet und andere Häuptlinge niedergemäht. Von Soldaten verfolgt, flüchteten Frauen und Kinder im Flußbett stromaufwärts. Eine schwangere Frau wurde vor ihrem Zelt von einem Säbel aufgeschlitzt und von Kavalleriestiefeln zertrampelt. Eine Gruppe von ungefähr dreißig verängstigten Frauen schickte den Soldaten ein sechsjähriges Mädchen mit einem weißen Stoffetzen an einem Stock entgegen. Die Soldaten erschossen das Mädchen und töteten die Frauen. Überall flohen Frauen und Kinder, sie bettelten mit erhobenen Händen um Gnade und wurden getötet und skalpiert.

Der fünfundsiebzigjährige White Antelope stand mit verschränkten Armen ruhig vor seinem Zelt und sang sein Todeslied. Seine Stimme klang nicht mehr müde und unsicher, sondern schallte klar und fest in den kalten Morgen:

> »Nichts ist von Dauer,
> Nur die Erde und die Berge.«

Die Soldaten schlugen ihn nieder, während er sang. Einer der Kavalleristen skalpierte ihn. Ein anderer schnitt ihm

Nase und Ohren ab, ein dritter die Hoden, um sich aus dem Hodensack einen Tabaksbeutel zu machen, wie er stolz verkündete.

Das Blutbad und die Verstümmelung der Leichen von Männern und Frauen dauerte bis in den Nachmittag. Dann plünderten die Soldaten das Dorf. Sie nahmen, was sie brauchen konnten – Büffelmäntel, gewebte Decken, mit Perlen und Stachelschweinborsten bestickte Wildlederkleidung –, und teilten die rund sechshundert Pferde unter sich auf. Anschließend steckten sie die Zelte in Brand.

Chivington berichtete, er habe vierhundert bis fünfhundert Menschen getötet. Später stellte sich heraus, daß er übertrieben hatte. Es waren ungefähr dreißig Männer und 125 Frauen und Kinder. Nach dem Massaker marschierte er stolz nach Denver, wo er als Held gefeiert wurde. Seine Truppen paradierten, blutige Indianerskalps schwenkend, durch die Straßen. Einige der Skalps wurden am selben Abend in einem Theater ausgestellt. Drei Indianerkinder, die man als Gefangene mitgenommen hatte, wurden bei einem Volksfest zur Schau gestellt.

Die öffentliche Meinung änderte sich, als Einzelheiten des Massakers bekannt wurden. Ein Kongreßausschuß klagte Chivington an: »Er hat bewußt ein abscheuliches und heimtückisches Massaker geplant und ausgeführt, das den ärgsten Wilden unter denen, die Opfer seiner Grausamkeit wurden, beschämt hätte.«

Ein militärischer Untersuchungsausschuß unter General Sherman kam zu dem Schluß, daß die Opfer von Sand Creek »auf eine Weise gefoltert und verstümmelt wurden, die den Wilden aus dem Inneren Afrikas zur Schande gereicht hätte.« Colonel Nelson A. Miles nannte das Massaker »das vielleicht schändlichste und unentschuldbarste Verbrechen in den Annalen der amerikanischen Geschichte«. Gegen den »Rächenden Engel« wurde jedoch nichts unternommen, obwohl der Untersuchungsausschuß feststellte: »Niemand wird erstaunt sein, daß ein Krieg die Folge war, der die Regierung dreißig Millionen Dollar kostete und den Siedlungen an der Grenze Feuer und Tod brachte.« Die Flammen des Krieges breiteten sich über die gesamten Great Plains aus, als sich die nördlichen Cheyenne mit den Sioux verbündeten.

Black Kettle, der sich immer noch um Frieden bemühte, hatte sich mit ähnlich gesinnten Gruppen der südlichen Cheyenne und Arapaho sowie der Comanchen und Kiowa zusammengetan. Im Jahr 1867 wurde am Medicine Lodge Creek im südlichen Kansas mit diesen vier Stämmen ein weiterer Friedensvertrag geschlossen. Alle willigten ein, sich in Reservationen südlich des Arkansas niederzulassen. Da sie erst umziehen konnten, wenn der Kongreß diesen Vertrag ratifiziert hatte, lagerte Black Kettle am Washita River in Oklahoma mit 51 Cheyenne- und Arapaho-Zelten.

An einem kalten Novembermorgen im Jahr 1868 überfiel ihn auch hier ohne Vorwarnung eine Abteilung der Armee. Dieses Mal wurden Black Kettle und seine Frau getötet sowie elf Krieger und 92 Frauen und Kinder, die versucht hatten, im eisigen Fluß zu entkommen. Nur 53 Frauen und Kinder entgingen dem Tod und wurden gefangengenommen. Dann wurden über achthundert Pferde von den Soldaten niedergemetzelt. Das 7. Kavallerieregiment, das »feindlichen« Indianern diese »vernichtende Niederlage« beigebracht hatte, wurde angeführt von General George Armstrong Custer, der behauptete, seine Soldaten hätten 103 Krieger getötet. Die Cheyenne und Arapaho merkten sich seinen Namen.

Satanta bläst sein Horn

Im selben kalten November, als Chivington zum Sand Creek marschierte, brach der berühmte Scout Kit Carson mit 410 Soldaten – Kavallerie, Infanterie und Artillerie – in Fort Bascom im östlichen New Mexico zu einem Kiowa- und Comanchendorf im Norden von Texas auf. Drei Wochen lang zogen sie in einem beschwerlichen Marsch über die trostlosen Staked Plains.

Carson, inzwischen Colonel in der Armee, saß allabend-
lich vor einem Feuer aus Büffelmist, dem einzigen Brenn-
material, das sie hier oben fanden, und sann über seinen Auftrag nach. Trotz der verschiedenartigsten Erfahrungen, die er
im gesamten Südwesten gesammelt hatte, erschien ihm die
jetzige Aufgabe schwieriger als jede andere, die er übernommen hatte. Die Kiowa und Comanchen waren im Gegensatz
zu den großen und stolzen Cheyenne krummbeinige kleine
Krieger, die Pferdediebe und Maultierhändler waren, seit die
Spanier Pferde ins Land gebracht hatten. Nun überfielen sie
die Wagenzüge, die aus Fort Smith in Arkansas kamen.

»Das muß natürlich aufhören«, brummelte er.

Aber es würde schwierig werden. Die Indianer wurden
von den *Comancheros*, skrupellosen Mexikanern und Amerikanern, unterstützt. Anfangs hatten sie mit den Comanchen
und Kiowa Büffelfelle gehandelt, was ihnen die Mühe
ersparte, die Tiere selbst zu töten und zu häuten. Dann ver-
mehrten sie ihre Gewinne mit den von Texanischen Siedlern gestohlenen Pferden und Maultieren, die sie herden-
weise nach New Mexico trieben und dort verkauften. Und
nun wurden sie reich, indem sie Lösegeld für die Frauen und
Kinder verlangten, die von den Indianern bei den Überfällen
auf die Wagenzüge gefangen wurden, und die sie, sobald sie
kassiert hatten, als Sklaven oder Prostituierte verkauften.
Carson vermutete, daß sogar Beamte und Armeeoffiziere
halfen, dieses schändliche Treiben zu finanzieren. Von den
Comancheros erhielten die Indianer immer wieder Waffen,
Schießpulver, Messer und Alkohol.

»Stellt genug Wachen bei den Pferden auf!« befahl Carson,
als er sich steif neben dem verlöschenden Feuer erhob.

Ende November erreichte die Kolonne eine Ruine aus
zerbröckelnden Mauern. Adobe Walls war einer der vorge-
schobenen Handelsposten von William Bent gewesen. In der
Nähe, im breiten Tal des Canadian River, lag ein Kiowa-
und Comanchendorf mit 150 Zelten. Einige Meilen dahinter, berichtete ein Scout, befand sich ein größeres Dorf mit
fünfhundert Zelten.

Carson seufzte. Seit er vor einigen Jahren vom Pferd gestürzt war, hatte er Schmerzen in der Brust. Aber er wußte, daß er einem Kampf nicht ausweichen konnte. Das wuße auch Satanta – (White Bear der Kiowa) –, als er an jenem Abend in seinem Zelt saß. Der oberste Häuptling der Kiowa war Dohasan, ein alternder Mann, der sich im Kampf auf seine Kriegshäuptlinge verlassen mußte. Einer von ihnen war der bemerkenswerte Satanta. Bei seinem Volk galt er als wagemutiger Krieger und großer Redner, der vier Indianersprachen und Spanisch beherrschte und etwas Englisch sprach. Er war buchstäblich ein farbiger Charakter. Wenn er zu den Ratsversammlungen ging, bemalte er seinen Körper hellrot. Sein Tipi war rot, und an den Zeltstangen flatterten rote Bänder. Bei den seltenen Gelegenheiten, wenn ihn Weiße von der Regierung besuchten, ließ er sie auf einem roten Teppich Platz nehmen und bewirtete sie auf einem niedrigen rot bemalten Tisch. Sein kostbarster Besitz war ein Waldhorn, und er hatte auch gelernt, es zu blasen.

Bei den Amerikanern war Satanta wegen seiner Durchtriebenheit und Grausamkeit berühmt. Trotz seines freundlichen Kontakts mit Indianeragenten und Vertretern der Armee hatte er mit seinen Kriegern bei Fort Lyon in Colorado eine Poststation überfallen und vier Männer getötet. Dann war er plündernd in eine Siedlung bei Menard in Texas eingedrungen und hatte mehrere Bewohner getötet. Kurz zuvor hatte er, einem Aufruf von Gouverneur Evans folgend, seine Kiowa-Gruppe nach Fort Larned gebracht. Niemand hatte ihn gewarnt, daß er sich dem Fort nicht wie gewöhnlich nähern konnte. Als er auf das Tor zuging, hob ein Wachsoldat das Gewehr. Satanta schoß ihm prompt in den Arm und verschwand anschließend mit sämtlichen Pferden der Garnison. Bei den Geschichten, die man sich von ihm erzählte, wurde viel übertrieben; aber einige wie die folgende waren auch wahr.

An einem Novemberabend, von dem die Rede ist, breitete er wie gewöhnlich in seinem Zelt den roten Teppich für seine Gäste aus. Zwei Frauen trugen niedrige rote Tische herein und servierten Platten mit Büffelzunge, Wildbretrippchen, mexikanischen Tortillas und eine Flasche Whiskey, das Geschenk eines *Comanchero*. Die eingeladenen Kriegshäuptlinge setzten sich auf den roten Teppich und ließen es sich schmecken. Nach dem Essen öffnete Satanta die Whiskeyflasche, und damit begann auch das Gespräch. Es war von vorherein klar, daß Satanta die Aufgabe des alten Häuptlings Dohasan übernahm, das Dorf vor dem drohenden Angriff der Soldaten zu schützen.

»Dieser Kit Carson«, sagte einer der Häuptlinge. »Von ihm wissen wir…«

Doch Satanta schnitt ihm das Wort ab. »Wir greifen bei Sonnenaufgang an«, sagte er. »Seid bereit. Und hört auf das hier.« Er klopfte leicht auf das Waldhorn, das neben ihm lag.

Am nächsten Morgen war Carson bereit zum Angriff. Er hatte seine Haubitzen auf einem kleinen Hügel postiert, den nun die berittenen Krieger zu umkreisen begannen, bevor die Hauptstreitmacht der Kiowa anrückte. Als sie in Schußweite kamen, feuerten die Geschütze und rissen ein Loch in die geschlossenen Reihen der Krieger. Der Hornist blies zum Angriff, und Carsons Kavallerie stürmte los. Kurz bevor sie die vorderste Linie der Kiowa erreichte, ertönte aus einem Waldhorn das Signal zum Rückzug. Die gut ausgebildeten Kavalleristen wendeten und galoppierten zurück.

Es folgte ein lächerliches und peinlich verwirrtes Duett. Kaum hatte Carsons Hornist zum Angriff geblasen, als Satantas Horn zum Rückzug blies. Die Kavallerie, die in heilloser Verwirrung vor und zurück stürmte, war bald vollkommen demoralisiert.

Carson mußte befürchten, daß ihn eine Gruppe der Indianer seitlich umging und seine Wagen zerstörte. Er blies die Schlacht ab und zog sich zum Troß zurück. Satantas Krieger folgten ihm und setzten das Präriegras in Brand. Carson erreichte mit seiner Kavallerie schließlich doch noch die Abteilung, die den Proviant bewachte, und dann trieben sie die Indianer mit einem Geschoßhagel aus den Haubitzen zurück.

Im Indianerdorf vernichteten die Truppen sämtliche Vorräte – getrocknetes Fleisch, Beeren, Büffelrippen und alles, was irgendwie verwendet werden konnte. Sie legten Feuer an die Zelte, und als die Sonne unterging, leuchteten die Flammen so rot wie die Sonne am Horizont.

Carson kehrte mit seiner Truppe nach Fort Bascom zurück. Er berichtete, er habe ein Dorf mit einhundertfünfzig Hütten zerstört und sechzig Kiowa getötet. Die Kiowa behaupteten, nur fünf Männer verloren zu haben. Obwohl Kit Carson keinen großartigen Sieg errungen hatte, ermöglichte er wenigstens zwei Wagenzügen die sichere Durchfahrt nach New Mexico.

Bis zum Jahr 1874 rotteten die weißen Berufsjäger die letzten großen Büffelherden auf den südlichen Ebenen aus. Im Lauf der zurückliegenden vier Jahre hatten sie über sieben Millionen Bisons getötet, von denen sie nur das Fell und die Zunge nahmen und den Rest verwesen ließen. Dieses Gemetzel war so verheerend, daß die Herden, die die Ebenen einst schwarz erscheinen ließen, für immer verschwanden.

Der Vertrag von Medicine Lodge hatte den Büffeljägern verboten, in den Texas Panhandle (»Pfannenstiel«), das nördlichste Gebiet von Texas, einzudringen. Die Armee unternahm jedoch nichts, um sie daran zu hindern, mit der Begründung, die Vernichtung der wichtigsten Nahrungsquelle der Indianer sei die einzige Möglichkeit, die Indianer zu besiegen. Zur Vorbereitung der 1874er-Jagd versammelten sich die Büffeljäger im Mai in ihrem Hauptquartier, dem verlassenen Adobe Walls-Handelsposten im Panhandle. Neue Holzhäuser, eine Gemischtwarenhandlung und ein Saloon, der aus Fort Dodge mit Whiskey beliefert wurde, sorgten für einen angenehmen Aufenthalt.

Die Indianer trafen ebenfalls sorgfältige Vorbereitungen, um den Handelsposten anzugreifen. Ihr Anführer war ein Halbblut-Comanche, Häuptling Quanah Parker. Der Angriff begann am 27. Juni und dauerte drei Tage. In Adobe Walls hatten sich achtundzwanzig Männer sowie angeblich eine Frau verbarrikadiert. Die dicken Mauern hielten dem Angriff stand. Nur drei Büffeljäger wurden getötet, aber fünfzehn Indianer. Neun der toten oder verwundeten Comanchen lagen im Schußfeld der Jäger und konnten nicht geborgen werden. Als die Krieger später zurückkehrten, um die Gefallenen zu bestatten, steckten die Köpfe der Leichen auf den Zaunpfosten des Korrals.

Dieser vergebliche Angriff beendete den Widerstand der Kiowa und Comanchen. Die Armee schickte sofort Truppen, um ihre Zelte, Vorräte und Ausrüstung zu vernichten und jede Bande und jede Familie zu verfolgen. Schließlich kam eine hungernde Gruppe nach der anderen nach Fort Sill. Am 2. Juni 1875 kapitulierte die letzte Gruppe unter der Führung von Quanah Parker.

Quanah Parker hatte eine dramatische Vergangenheit, der eine nicht minder interessante Zukunft folgte. Seine Mutter, die in Texas geborene Cynthia Ann Parker, war als Neunjährige von Comanchen geraubt worden. Der Stamm hatte sie adoptiert, und sie hatte sich rasch bei ihnen eingelebt. Sie wurde die Frau eines jungen Kriegers namens Nacoma und brachte 1847 einen Sohn zur Welt, der den Namen Quanah, das Comanchen-Wort für »Wohlgeruch«, erhielt. Nachdem sie fünfundzwanzig Jahre bei den Comanchen gelebt hatte, wurde sie von den Texas Rangern aufgegriffen und zu ihrer elterlichen Familie zurückgebracht. Doch sie war nicht mehr Cynthia Ann Parker, sondern Nadua, eine Comanchen-Frau, die zwei Söhne und eine Tochter draußen auf den Ebenen hatte. Als sie zu fliehen versuchte, um zu ihnen zurückzukehren, wurde sie von den Parkers unter Aufsicht gestellt. Vier Jahr später hungerte sie sich zu Tode.

Quanah paßte sich den Lebensgewohnheiten der Weißen an. Er lernte Silas Parker, den Onkel seiner Mutter kennen, lernte Englisch und wurde bald nicht nur ein Sprecher für den Stamm der Comanchen, sondern auch ein wohlhabender Viehzüchter und Politiker. In Quanah, einer nach ihm benannten Stadt, bewohnte er mit seinen zahlreichen Frauen ein Zwölf-Zimmer-Haus. Als er starb, wurde er, gekleidet wie ein Comanchen-Häuptling, neben seiner Mutter Cynthia Ann und seiner Schwester Prairie Flower begraben. Er hinterließ angeblich fünfundzwanzig Kinder.

Satanta wehrte sich unterdessen weiterhin gegen die Flut der ins Land strömenden Siedler. Im Jahr 1871 überfielen er und Big Tree mit ihren Kriegern einen Wagenzug bei Fort Richardson; sie töteten sieben Männer und verstümmelten ihre Leichen. Beide Anführer wurden gefangengenommen, vor ein Gericht gestellt und wegen Mordes zum Tod verurteilt. Der Gouverneur von Texas wandelte das Urteil in eine lebenslange Gefängnisstrafe um, die sie im Staatgefängnis von Huntsville verbüßen sollten. Zwei Jahr später wurden sie bedingt aus der Haft entlassen mit der Begründung, ihre Tat stelle keinen Mord, sondern eine kriegerische Handlung dar. Satanta hielt sich nicht an die Bedingungen, die an eine Entlassung geknüpft waren, wurde erneut festgenommen und ins Gefängnis von Huntsville geschickt, wo er sich 1878 aus einem Fenster des Gefängniskrankenhauses stürzte.

Seine sterblichen Überreste wurden 1963 nach Fort Sill in Oklahoma überführt und mit allen militärischen Ehren auf den alten Büffeljagdgründen der Kiowa beigesetzt.

Red Cloud gewinnt seinen Krieg

Das Feuer des Krieges, das mit dem Massaker am Sand Creek gelegt wurde, breitete sich auch nach Norden auf die Ebenen der Sioux aus, wo ein Häuptling die Führung übernahm, der seinen Namen dem geröteten Himmel zur Stunde seiner Geburt verdankte.

Red Cloud war ein Oglala. Sein Stamm war eine der größten Völkerfamilie der Sioux. Er wurde am Zusammenfluß des North und South Platte River in Nebraska geboren und war jetzt dreiundvierzig Jahre alt. Häuptling war er nicht durch Geburt, sondern aufgrund seiner Charakterstärke geworden. Er war auch von Natur aus kein Krieger, obwohl er es zu einem Punktekonto von achtzig Bravourstücken gebracht hatte, sondern der geborene Staatsmann und General. Ruhig und würdevoll verkörperte er die Rechtschaffenheit und den Stolz seines Volkes.

Die Teton-Sioux waren die mächtigste Stammesföderation der »Sieben Ratsfeuer«, die sich entlang des oberen Missouri von Dakota nach Nebraska, Wyoming und Montana aubreitete. Sie nannten sich selbst Dakota oder Lakota. Bekannt wurden sie unter dem Namen »Sioux« durch die Chippewa von Wisconsin, die sie als Na-du-Wa-Su, als »Schlangen« oder »Feinde« beschimpften, woraus die französische Verballhornung »Nadouessioux«, abgekürzt »Sioux«, entstand.

Der unmittelbare Grund für die Besorgnis der Sioux in jenem schrecklichen Jahr 1864 war die Entdeckung von Gold in Montana. John M. Bozeman, ein Prospektor, markierte sofort danach eine Wagenroute vom Platte River durch Wyoming nach Norden zu den Goldcamps um Virginia City. Red Cloud schnappte sich ebenso prompt eine Straßenarbeiterkolonne und hielt sie zwei Wochen gefangen. Die offiziellen Vertreter des neu geschaffenen Territory of Montana ließ er wissen, daß der Bozeman Trail durch die Büffelebenen der Sioux führte und daß er keinem Wagen die Durchfahrt erlauben würde.

Im Jahr darauf bestanden die Regierungskommissare in Fort Laramie unter Androhung von Waffengewalt darauf, daß die Sioux und Cheyenne die Durchfahrt freigaben. Red Cloud weigerte sich. »Ist das ein Friedensgespräch, wenn ihr droht, Soldaten zu bringen, wenn wir nicht zustimmen? Warum tut ihr so, als würdet ihr um Land verhandeln, wenn ihr vorhabt, es mit Gewalt zu nehmen? Sind wir Kinder, die ihr mit Drohungen einschüchtern könnt? Ich sage, ihr könnt uns nur zwingen, für das Land zu kämpfen, das der Große Geist uns gegeben hat.«

Red Cloud verließ das Zelt mit Man-Afraid-of-His-Horses und begann, die Sioux, Brules, Cheyenne und Arapaho zu vereinigen.

Die Regierung handelte rasch und baute eine Reihe von Forts, um den Bozeman Trail zu sichern. Colonel Carrington belegte Fort Reno mit einer zweihundertfünfzig Mann starken Besatzung aus Soldaten und zivilen Arbeitern. Dann errichtete er Fort Phil Kearny mit einer Garnison von vierhundertfünfzig Mann. Während ein stark bewachter Arbeitstrupp mit einhundert Wagen Holz für die Palisade des Forts aus den Bighorn Mountains herbeischaffte, traf bei Colonel Carrington eine Gruppe von Cheyenne-Häuptlingen ein, darunter Dull Knife, Two Moons, Black Horse und Red Arm.

»Bring deine Soldaten nach Fort Reno zurück«, baten sie. »Wenn du es nicht tust, werden wir Cheyenne zusammen mit den Sioux kämpfen.«

Colonel Carrington baute weiter, und als das Fort fertig war, marschierte er 1866 nach Norden, um Fort C. F. Smith am Big Horn River zu errichten.

Die Würfel waren gefallen. Der Krieg, von dem Red Cloud gesprochen hatte, begann.

In diesem Krieg taten sich neben Red Cloud zahlreiche andere Häuptlinge hervor, deren Namen in späteren Jahren berühmter wurden: Sitting Bull, Rain-in-the-Face, Roman Nose, Crazy Horse und Dutzende andere. Red Cloud, der führende Häuptling, wählte Fort Phil Kearny als Angriffsziel. Er ließ es erbarmungslos belagern. Keine Ladung Heu, kein Wagen mit Holz konnte hineingebracht werden außer unter starker militärischer Begleitung.

Vier Tage vor Weihnachten verließen Soldaten mit einem Wagenzug das Fort, um Holz aus den nahen Bergen zu holen. Kurz danach signalisierten die Ausguckposten, daß die Wagen angegriffen wurden. Carrington schickte Colonel W. J. Fetterman mit 79 Kavalleristen los, um dem Arbeitstrupp zu Hilfe zu kommen.

»Reiten Sie direkt zu den Wagen«, befahl er. »Bleiben Sie im Sichtbereich des Forts. Folgen Sie den Indianern nicht weiter als bis zum Lodge Trail Ridge.«

Fetterman, der sich mit den Worten gebrüstet hatte: »Gebt mir achtzig Mann, und ich reite durch die ganze Sioux Nation«, gehorchte Carringtons Befehl nicht. Von Crazy Horse und einem halben Dutzend seiner Krieger in einen scheinbaren Hinterhalt gelockt, nahm er eine Abkürzung über den Höhenzug und war vom Fort aus nicht mehr zu sehen. Plötzlich wimmelte es von Red Clouds Kriegern, die alle achtzig Soldaten töteten und ihre Leichen bis zur Unkenntlichkeit entstellten.

Ganz Amerika war schockiert. Shermans Telegramm an Präsident Grant wurde oft zitiert: »Wir müssen mit ernsthaften Vergeltungsmaßnahmen gegen die Sioux vorgehen, selbst bis zu ihrer Vernichtung, gegen Männer, Frauen und Kinder. Mit weniger werden wir nicht an die Wurzel der Ursache herankommen.«

Im Sommer desselben Jahres wurden erneut Arbeiter mit einer Eskorte von 51 Soldaten aus dem Fort geschickt. Diesmal ging der kommandierende Offizier kein Risiko ein. Er ließ die Wagenkästen von den Fahrgestellen abnehmen und stellte sie zu einer Barrikade auf. Red Cloud griff wie gewohnt an. Die Soldaten, die jetzt mit neuen Hinterlader-Springfieldgewehren bewaffnet waren, hielten dem Angriff stand, bis vom Fort Entsatz kam.

Eine andere Schar Cheyenne-Krieger überfiel eine Gruppe Soldaten auf einer Heuwiese außerhalb von Fort C. F. Smith und mußte sich ebenfalls zurückziehen.

Das Fetterman-Massaker, die Wagon-Box- und Hayfield-Kämpfe ernüchterten die Regierungskommissare. Im Jahr 1868 wurde in Fort Laramie erneut eine Friedensversammlung einberufen. Red Cloud, höflich und bestimmt wie immer, stellte seine Bedingungen.

»Der Bozeman Trail wird geschlossen«, sagte er. »Jedes Fort wird aufgegeben. Erst dann kann Frieden sein.«

»Einverstanden«, sagten die Kommissare. »Unterschreibt den Vertrag.«

»Wir unterschreiben erst, wenn die Truppen von allen Forts abgezogen sind«, antwortete Red Cloud.

Die Truppen aus den drei Forts rückten ab, und die Cheyenne und Sioux brannten die Forts nieder. Neun Jahre blieb der Bozeman Trail geschlossen. Red Cloud war der einzige Indianerhäuptling, der einen Krieg gegen die Vereinigten Staaten gewann. Er hielt sein Wort, nie wieder zu kämpfen, und ließ sich an der Red Cloud Agency in Nebraska nieder. Aber sein Erfolg wurde ihm verleidet. Jüngere Indianer warfen ihm vor, er habe sich an die Weißen verkauft; er würde von Almosen der Regierung leben und habe sich zum Reservations-Indianer gemacht. Red Cloud zuckte nur die Achseln und riet weiter zum Frieden. Später wurde er in die Great Sioux Reservation umgesiedelt, wo ihm 1881 der Agent V. T. McGillycuddy den Rang des Häuptlings der Oglala aberkannte.

Crazy Horse am Rosebud

Inzwischen war Red Clouds Schwiegersohn Crazy Horse als der überragende Kriegshäuptling der Sioux in Erscheinung getreten. Sogar noch heute, nach über hundert Jahren, verbindet sich mit seinem Namen mehr als nur das, was wir über ihn wissen. Von diesem Mann muß eine ganz besondere Ausstrahlung, eine geheimnisvolle Aura von etwas Größerem ausgegangen sein.

Er ritt, nur mit einem Lendenschurz bekleidet, in den Kampf. Sein Körper war mit weißen Punkten bemalt, die wie Hagelkörner wirkten, und ein roter Strich zog sich gezackt wie ein Blitz über eine Wange. Er trug einen Bergkristall hinter einem Ohr und auf dem Kopf einen Rotschwanzbussard. Sein Schlachtruf lautete: »Es ist ein guter Tag zum Sterben!« Aber ihn erreichte keine Kugel, kein Pfeil und kein Speer. Und er nahm keine Skalps von den Feinden, die er tötete.

Crazy Horse hatte nacheinander drei Frauen und eine Tochter, die als Kind an den Pocken starb. Er hielt sich oft tage- und nächtelang irgendwo außerhalb seines Dorfes auf. Es gibt keine Photos von ihm, aber viele, die ihn gesehen haben, berichteten, er habe ein schmales Gesicht gehabt und sei mittelgroß und hellhäutig gewesen. Die Menschen müssen eine gewisse Scheu vor ihm empfunden oder ihn zumindest für etwas merkwürdig gehalten haben. Von der Geschichte, wie er zu seinem Namen kam, gibt es zahlreiche Versionen.

Im Jahr 1874 verbreitete sich das Gerücht von Goldfunden in den Black Hills, dem heiligen Herzen der Great Sioux Reservation, die sechs Jahre zuvor eingerichtet worden war. Der Kommandeur der Kavallerie in Fort Abraham Lincoln erhielt den Auftrag, der Sache auf den Grund zu gehen. Dieser Mann war General George Armstrong Custer, der, wie wir uns erinnern, das schlafende Dorf von Black Kettles friedlichen Cheyenne und Arapaho am Washita vernichtet hatte.

Jahre zuvor war Custer, nachdem er mit durchschnittlichem Erfolg die Militärakademie in West Point absolviert hatte, Adjutant von Brigadegeneral Philip Kearny. Vor dem Ende des Bürgerkriegs wurde er dann selbst Brigadegeneral; allerdings war die Ernennung zeitlich befristet. Zur Zeit seines Black Hill-Auftrags war Custers offizieller Rang der eines Oberstleutnants. Es war einem Offizier jedoch gestattet, sich mit dem höchsten Rang, den er irgendwann einmal bekleidet hatte, anreden zu lassen, und Custer war nicht der Mann, der auf einen Vorteil verzichtete. Also sprach und spricht man noch heute von General Custer.

Custer führte nun seine 7. Kavallerie durch die Black Hills und bestätigte das Goldvorkommen in French Creek. Auf diese Nachricht hin kamen Hunderte von Goldsuchern und errichteten die Boomcamps Custer City und Deadwood.

Die US-Regierung, die es die versäumt hatte, die Black Hills zu kaufen, wollte ihren Fehler wieder gutmachen und versuchte, das Land am Powder River in Wyoming für Weiße zu öffnen. Dieses Gebiet war im Vertrag von Fort Laramie den Indianern zur ständigen und alleinigen Nutzung zugesagt worden; deshalb hatten sie auch die von der Regierung im Dezember 1875 ausgegebene Verfügung, nach der sich alle Indianer in die Great Sioux Reservation zu begeben hatten, nicht befolgt. Nun begannen die Stämme, sich in einem von Sitting Bull bestimmten zentralen Lager am Rosebud zu versammeln.

Sitting Bull war der Führer der Stämme. Er war ein breitschultriger, 1,80 Meter großer Hunkpapa-Sioux von ungefähr vierzig Jahren mit einem großen Kopf und kräftiger Nase. Als junger Mann war er ein berühmter Krieger. Bei einem Kampf mit einem Crow erlitt er am linken Bein eine Schußverletzung, und seitdem humpelte er. Inzwischen kannte man ihn mehr als Medizinmann und Träumer.

Seinen berühmtesten Traum hatte er während des Feldzugs der US-Armee gegen die Sioux. Sitting Bull beteiligte sich am »Sonnentanz« – für die Sioux eine der heiligsten Kulthandlungen. Zur Vorbereitung auf den Tanz ließ er sich an den Armen vom Handgelenk bis zur Schulter fünfzig kleine Hautstücke herausschneiden. Dann nahm sein Helfer zwei Lederriemen, die von einem sieben Meter hohen Pfahl auf den Tanzplatz herunterhingen, schob die unteren Enden in einen tiefen Einschnitt auf der Brust von Sitting Bull und verknüpfte sie in der klaffenden Wunde. Dann begann Sitting Bull langsam um den Pfahl herum zu tanzen, wobei sich die Riemen strafften. Er starrte in die Sonne, betete und tanzte, ohne Nahrung oder Wasser zu sich zu nehmen. Er tanzte zwei Tage lang Tag und Nacht, bis die Lederriemen rissen. Nahezu bewußtlos schilderte er mit ausgedörrten Lippen die Vision, die er im Gebet gesucht hatte.

»Ich sehe sie«, sagte er. »Eine Armee von weißen Soldaten. Sie fallen mit dem Kopf nach unten vom Himmel. Wir werden sie töten. So wird es sein.«

Über seinen Einfluß und sein Ansehen bestand kein Zweifel. Auch die Verantwortlichen der Regierung erkannten ihn als den Führer der sich versammelnden Stämme an.

Das Kriegsministerium hatte inzwischen General Philip Sheridan beauftragt, einen umfassenden Plan auszuarbeiten, um die Bedrohung durch die Indianer endgültig aus der Welt zu schaffen. Drei Armeen wurden zu diesem Zweck aufgeboten.

General George Crook sollte von Fort Fetterman im östlichen Wyoming nach Norden marschieren; Colonel John Gibbon von Fort Ellis in Montana nach Osten; und General Alfred H.Terry von Fort Abraham Lincoln in Dakota Territory nach Westen. Am Little Big Horn würden sie dann zusammentreffen und die versammelten Cheyenne, Oglala, San Arc, Minicojou und Hunkpapa wie mit einer großen Kralle packen.

General Crook verließ Fort Fetterman Mitte Mai und stieß am 17. Juni im Tal des Rosebud in Montana, knapp oberhalb der Grenze zu Wyoming, auf Crazy Horse und seine schätzungsweise eintausendfünfhundert Krieger. Auf einer Wiese, auf der Heckenrosen und wilde Pflaumenbäume blühten, kam es zur Schlacht. Crazy Horse brüllte seinen Schlachtruf: »Es ist ein guter Tag zum Sterben!« und griff sofort an. Crooks Vorhut aus Crow und Schoschonen hielt stand, bis der General seine Truppen organisieren konnte.

Der Kampf endete angeblich unentschieden. Crook konnte keinen Sieg für sich in Anspruch nehmen, obwohl er nur elf Mann und Crazy Horse 36 Krieger verloren hatte, denn nur seine indianische Vorhut hatte ihn vor einer Katastrophe bewahrt. Und er mußte zum Fort zurück, um seine Vorräte aufzufüllen. Für Crazy Horse war es ein Sieg, der größer war als er ahnte, denn er hatte Crook daran gehindert, sich mit Terry und Gibbon zum geplanten Zeitpunkt am Zusammenfluß des Yellowstone und des Rosebud zu vereinigen.

Die Armee von General Terry hatte Fort Abraham Lincoln am Morgen des 17. Mai 1876 verlassen − eine zwei Meilen lange, sich langsam bewegende Kolonne von Männern, Pferden und Wagen. Am Himmel über ihnen zog eine identische Kolonne mit. Elizabeth Custer, die Frau des Generals, schrieb in ihrem Buch *Boots und Saddles*, dieses Phänomen habe sie irgendwie beunruhigt. Es war wie Crooks Niederlage einen Monat später eines von mehreren Vorzeichen, die den gesamten Feldzug begleiteten.

Custer, der »Boy General« mit den bis auf die Schultern fallenden goldenen Locken, wurde mit jedem erdenklichen

Eigenschaftswort gepriesen oder verdammt, und er wurde jedem davon gerecht. Er machte unglaublich schnell Karriere, zum Teil aufgrund seiner unbestrittenen Tapferkeit, zum Teil vielleicht auch, weil er der Günstling von General Sherman war, der mit seiner angeborenen Gewalttätigkeit eine Zerstörungswelle durch Georgia bis an die Küste hinter sich hergezogen hatte. Sherman haßte Indianer und scheute sich nicht, offen zu sagen, daß sie alle ausgerottet werden sollten. Wahrscheinlich entdeckte er in Custer einen Gleichgesinnten, der die Indianer genauso haßte wie er und entschlossen war, sie zu vernichten.

Custer war ein Mann, der immer nur auf einer körperlichen, nie auf der geistigen oder spirituellen Ebene aktiv wurde. Jeder Herausforderung begegnete er mit einer sofortigen körperlichen Reaktion, was seine Tapferkeit erklärt und die Aufmerksamkeit, die er bei seinen Vorgesetzten erregte. Er war sehr tierlieb, besonders die Hunde hatten es ihm angetan. Er war eitel und egozentrisch, kleidete sich protzig, und vielen, die mit ihm zu tun hatten, kam es immer so vor, als sei er ein Schauspieler, der eine Rolle spielte.

Im Jahr 1874 war Custer wegen des bevorstehenden großen Sioux-Feldzugs nach Dakota versetzt worden, und nach dem, was geschah, ist anzunehmen, daß er erwartet oder zumindest gehofft hatte, die gesamte Armee von Fort Abraham Lincoln an der Spitze seines 7. Kavallerieregiments zu führen.

Dann kam es zum Belknap-Skandal. Enthüllungen über Korruption und Unterschlagungen hatten in Washington zur Bildung eines Kongreßausschusses geführt, der die Vorwürfe untersuchte; und Custer, der die korrupten Praktiken kannte, wurde als Zeuge geladen. Den Indianerstämmen waren als Ausgleich dafür, daß sie ihr Land aufgaben und in die Reservationen gingen, jährliche Unterhaltszahlungen versprochen worden in Form von Lebensmitteln, Kleidung und Waren, die ihnen den Büffel ersetzen sollten, der sie früher ernährt hatte. Verantwortlich für die Verteilung dieser Vorräte waren die Indianeragenten in den Reservationen. Was macht es aus, wenn sie die Zuteilungen für ein paar armselige Indianer verkleinerten oder verfaultes Fleisch an sie ausgaben und das frische Fleisch auf eigene Rechnung verkauften? Als Indianeragent wurde man reich, und deshalb wurden diese Posten von den Regierungsbeamten an den Meistbietenden verkauft.

Custer war alles andere als ein Freund der Indianer, die er als »wilde Tiere« bezeichnete. Trotzdem belastete er mit seiner Aussage den Kriegsminister William Belknap und andere Regierungsbeamte und warf direkt oder indirekt sogar einen Schatten des Verdachts auf Orville Grant, den Bruder des Präsidenten. Die Empörung über diesen Skandal war so groß, daß Belknap zurücktreten mußte; und Präsident Grant verbot Custer, am Sioux-Feldzug teilzunehmen.

General Terry tat der schneidige, ritterliche Offizier leid und erwirkte beim Präsidenten die Erlaubnis, Custer in seine Armee aufzunehmen. Er übergab Custer wieder das Kommando über das 7. Kavallerieregiment.

Als Elizabeth Custer in Fort Abrahm den Aufbruch dieser Armee und ihrer himmlischen Doppelgängerin verfolgte, blickte sie auf eine eindrucksvolle Truppe: eine Kompanie Indianerscouts, fünfzig Offiziere, tausend Soldaten, eine Batterie Gatling-Geschütze und Custers siebenhundertfünfzig Mann starke Kavallerie.

Custer, eben erst wieder in Gnaden aufgenommen, schwelgte im Vorgefühl des Sieges. Er hatte seinen Bruder Tom bei sich, seinen kränkelnden jüngeren Bruder Boston und seinen jugendlichen Neffen Armstrong »Autie« Reed, damit sie ihm bei seiner großen Indianerjagd zusehen konnten, und überdies eine zwölfköpfige, mit Schimmeln berittene Musikkapelle. General Terry wollte die Musiker dann aber doch nicht auf auf dem Schlachtfeld haben. Sie mußten absitzen und im Versorgungslager am Yellowstone zurückbleiben. Die Schimmel nahm Custer jedoch mit.

Die Schlacht am Little Big Horn

Mitte Juni trafen sich die Armeen von Terry und Gibbon am Zusammenfluß von Yellowstone und Rosebud. Dieses Gebiet an der Grenze von Wyoming und Montana ist von zahlreichen Flüssen durchzogen, die von den hohen Big Horn Mountains im Süden gespeist werden. Der Little Big Horn mündet in den Big Horn, dieser in den Yellowstone, in den etwas weiter östlich auch Rosebud und Tongue münden.

Terry und Gibbon einigten sich auf eine Strategie. Ihre Streitkräfte würden dem Yellowstone nach Westen folgen bis zum Big Horn und von hier flußaufwärts zum Little Big Horn marschieren. Custer und seine Kavallerie sollten entlang des Rosebud nach Süden reiten bis zu der Stelle, wo ein Indianerpfad, den Major Marcus Reno gefunden hatte, ihren Weg kreuzte. Der Indianertrail führte zum Little Big Horn, an dem die Indianer angeblich lagerten. Terry befahl Custer ausdrücklich, dem Trail nicht zu folgen und das Sioux-Lager nicht anzugreifen. Er sollte warten, bis der Hauptteil der Truppen den Little Big Horn erreichen würde. Terry und Gibbon rechneten immer noch mit Crook und seiner Armee, da sie von seiner Begegnung mit Crazy Horse nichts wußten.

Am Nachmittag des 22. Juni brach Custers 7. Kavallerie auf. Zwei langjährige Gegner näherten sich einem Punkt, dem keiner ausweichen konnte.

Custers Truppe ritt am Rosebud flußabwärts und kam gut voran. Der General hatte es eilig. Er wußte nicht genau, wo sich das Indianerlager befand, aber seine indianischen Scouts hatten ihm versichert, es sei ein großes Lager. Gegen Mitternacht am 24. Juni befahl er den Männern, das Lager abzubrechen und weiterzumarschieren. Die Männer, von denen einige kaum erwachsen waren, ritten die ganze Nacht. Am frühen Morgen erblickte Custer von einem hohen Bergrücken aus das Indianerlager. Es lag auf dem Westufer des Little Big Horn – sechs Kreise, gebildet aus den

Tipis der Cheyenne, Sans Arc, Oglala, Hunkpapa, Blackfeet und Miniconjou. Einer späteren Schätzung zufolge waren es eintausendfünfhundert Zelte, in denen sich zwischen zweitausendfünfhundert und dreitausend Krieger befanden.

Viele Vermutungen wurden angestellt, wie Custer auf die Idee kommen konnte, ein so großes Kriegerheer mit seinen 675 Kavalleristen anzugreifen. Ein Grund könnte gewesen sein, daß kurze Zeit später der Parteitag der Demokraten in St. Louis eröffnet werden sollte. Was würde passieren, wenn die Delegierten während der Wahl ihres Präsidentschaftskandidaten die Nachricht von einem gewaltigen Sieg über die Indianer erreichte? Custer wußte es ziemlich genau, wenn er sich an die Parade nach seinem Washita-Sieg erinnerte. Aber diesmal würde die Siegesparade der 7. Kavallerie durch die Straßen von Washington direkt zu den Toren des Capitols führen.

Spielte es da noch eine Rolle, wenn er jetzt seine Befehle mißachtete und seinen Marsch zwanzig Meilen oder auch einige mehr vor dem vereinbarten Treffpunkt mit Gibbon unterbrach? Er würde das Indianerlager Stunden, bevor Gibbon eintraf, angreifen und allen Ruhm für sich ernten.

Er teilte seine Truppe. Major Frederick Benteen sollte mit drei Kompanien auf der linken Seite hinunterreiten, um nach Indianern auszuschauen. Major Reno wurde mit drei Kompanien direkt ins Tal des Little Big Horn geschickt, um das Lager von Osten anzugreifen. Und Custer wollte mit fünf Kompanien zum unteren Talende reiten und dort zuschlagen. Captain Thomas M. McDougall blieb mit einer Kompanie zur Bewachung der Tragtierkolonne zurück.

Es war am frühen Nachmittag des 25. Juni, einem Sonntag. Das Dickicht der wilden Pflaumen am Fluß war weiß von Blüten. Ein leichter Wind strich über das hohe Präriegras. Dann schallten die hellen Klänge eines Hornsignals zum messingfarbenen Himmel.

Reno erreichte als erster das Indianerlager, wo es plötzlich von Indianern wimmelte. Er konnte sie abwehren und sich mit seinen Soldaten auf das andere Flußufer zurückziehen,

wo sie sich auf den hohen Felsen hinter ein paar Gepäck-
stücken, toten Pferden und was sich ihnen sonst noch bot
verbarrikadierten. Hier wurden sie mit 52 Toten und vielen
Verwundeten, ohne Nahrung und Wasser, den ganzen
Nachmittag lang belagert. Talabwärts, aus ziemlicher Ent-
fernung, waren Schüsse zu hören – vermutlich kam Custer
mit der Verstärkung. Aber niemand kam. Die ganze Nacht
und den nächsten Tag saßen sie auf den Felsen fest. Was war
mit Custer geschehen?

Die Schlacht am Little Big Horn – das »Custer-Massaker«
oder »Custers letzter Kampf« – soll eine Sache von einer halben Stunde gewesen sein. Niemand konnte genau sagen,
wie lang die 225 Soldaten von immer wieder neuen Wellen
wütender Indianer überflutet wurden. Die indianischen
Führer bei dieser Schlacht waren Crazy Horse, Gall und etliche andere, die nie den Beifall erhielten, der ihnen zustand:
Two Moons, Rain-in-the-Face, Crow King, Big Beaver,
Spotted Eagle. Aber wo war der Meisterstratege Sitting Bull?

Charles Fergus zitiert in seinem Buch *Shadow Catcher* den
einundsiebzigjährigen James McLaughlin, »ein pensionierter,
einer Gehirnwäsche unterzogener Indianeragent des Bureau
of Indian Affairs«. McLaughlin leitete die Agentur der
Standing Rock Reservation, in die Sitting Bull geschickt
worden war. Er hatte Emma Crow King, die Tochter eines
Häuptling von Sitting Bull, adoptiert. Laut Fergus berichtete
McLaughlin: »Als Reno angriff und die Kugeln durch die
Zelte pfiffen, versammelte Sitting Bull seine Frauen und seine
Kinder und verschwand in die Berge. Nach der Schlacht
schickten sie ihm Reiter nach, die ihn zehn Meilen vom
Lager entfernt einholten. Später versuchte er sich herauszu-
reden und meinte, wenn ihn die Weißen gefangen hätten,
wäre den Sioux seine Medizin verlorgengegangen.« Und
nach einer kurzen Pause stieß McLaughlin hervor: »Ein
Feigling, Lügner, Egoist, Betrüger… Sämtliche Fehler des
roten Mannes und keine einzige seiner Tugenden!«

Obwohl McLaughlin zugab, daß der berühmte Hunkpa-
pa-Häuptling und Medizinmann der einflußreichste Mann

bei den Sioux war, müssen seine Äußerungen im Licht der späteren Ereignisse gesehen werden.

Als der Rest der Armee eintraf, waren Custer und seine 225 Soldaten tot bis auf den letzten Mann. Indianische Frauen waren noch dabei, die Leichen zu skalpieren, zu verstümmeln und zu zerstückeln und die Uniformen zu plündern.

Die einzigen Überlebenden waren einige Pferde, denkwürdigerweise auch der mit Pfeilen gespicke *Comanche*, der anmutige Braune von Major Myles Keogh. General Terrys Männer nahmen *Comanche* nach Fort Abraham Lincoln mit, wo er sich von seinen Wunden erholte. Er wurde bei der neu aufgestellten Seventh Cavalry ein hochgeachteter Pensionär; bei Paraden ging er in Schwarz gehüllt an der Spitze des Regiments.

Sitting Bull sagte über die Schlacht: »Keiner soll sagen, dies sei ein Massaker gewesen. Sie kamen, um uns zu töten, und wurden selbst getötet.« General Terry sprach von einer »schrecklichen und traurigen Unbesonnenheit«. Präsident Grant meinte, Custer habe seine Truppen unnötigerweise geopfert.

Die Fakten gaben Grant recht. Custer hatte seinen schriftlichen Befehlen nicht gehorcht. Er hatte versäumt, das Indianerlager zu erkunden, hatte seine Truppe trotz der zahlenmäßigen Überlegenheit des Gegners geteilt und blindlings dreitausend versammelte indianische Krieger mit 225 unausgeschlafenen Männern und erschöpften Pferden angegriffen.

Doch der »Boy General« fand im Tod den Ruhm, den er im Leben gesucht hatte. Praktisch über Nacht wurde er zum Inbegriff des heldenhaften Vorkämpfers. Aufrecht stehend, die rauchende Pistole in der Hand und umgeben von seinen toten Kameraden wurde er auf Gemälden und Postkarten dargestellt – Custer's Last Stand! Doch ein gutes Jahrhundert später war dieses Bild verblaßt. Evan S. Connell schreibt in seiner sorgfältig recherchierten Biographie *Son of the Morning Star*: »Custers Image, das Symbol für Mut und Opferbereitschaft während der Eroberung des Westens, veränderte sich allmählich zu einem Symbol für die Arroganz und Brutalität, mit der die Weißen die Ausbeutung des Landes betrieben.« Aber man sollte Custer nicht zum Prügelknaben machen, denn er war nur ein Handlanger für die unsichtbaren Kräfte, die noch heute in der amerikanischen Gesellschaft wirken.

Am Little Big Horn hatte das Schicksal den Stämmen der Great Plains einen siegreichen Tag gewährt – aber nicht mehr. Eine expandierende Nation von vierzig Millionen Weißen konnte nicht von einer Handvoll hungernder Indianer in Schach gehalten werden. Eine Indianergruppe nach der anderen wurde von den Truppen unter Colonel Miles verfolgt und in die große Sioux Reservation getrieben. Als einer der letzten ging Crazy Horse mit eintausendfünfhundert Oglala im Mai 1877 in die Reservation.

Er wurde von General George Crook, den er drei Jahre zuvor am Rosebud geschlagen hatte, gefangengenommen und nach Fort Robinson gebracht. Einer weit verbreiteten Meinung zufolge war geplant, ihn unter strenger Bewachung nach St. Augustine in Florida zu bringen, um ihn lebenslänglich ins Gefängnis zu sperren. Crazy Horse soll vermutet haben, daß man ihn einsperren oder töten würde. Jedenfalls zog er sein Messer. Little Big Man hielt seinen Arm zurück, und der Soldat William Gentles durchbohrte ihn mit dem Bajonett.

Kaum jemand bezweifelt, daß einflußreiche Weiße beim Militär und in der Zivilbevölkerung den Einfluß von Crazy Horse fürchteten. Aber der Plan, der angeblich vorsah, Crazy Horse ins Gefängnis zu stecken, und der schließlich zu seinem Tod führte, ist, solange wir nicht mehr darüber wissen, nur ein Gerücht.

Die tragischen Ereignisse am Little Big Horn haben möglicherweise auch das Leben der zwei rangältesten Offiziere von Custer zerstört, wenn man die Ähnlichkeit ihres späteren Lebenswegs betrachtet. Major Reno wurde allgemein der Feigheit bezichtigt, weil er auf seinem Hügel blieb statt Custer zu Hilfe zu eilen. Um ihn tobte ein leidenschaftlicher Meinungsstreit, der ihn in betrunkenem Zustand zu Entgleisungen verleitete, wobei er sich mehrmals mit Frauen anlegte. Ein Kriegsgericht verurteilte ihn 1879 wegen »unschicklichen Betragens als Offizier und Gentleman« und entließ ihn nach fünfundzwanzig Dienstjahren unehrenhaft aus der Armee. Reno starb 1889 nahezu völlig verarmt. Erst 1967, siebenundachtzig Jahre nach seinem Tod, entschied ein Kriegsgerichtsgremium, daß er zu unrecht entlassen wurde. Seine sterblichen Überreste wurden anschließend auf dem Schlachtfeld am Little Big Horn mit allen militärischen Ehren beigesetzt.

Major Benteen entwickelte sich zu einer »betrunkenen Nervensäge« und wurde für ein Jahr auf Halbsold gesetzt. Im Jahr 1888 wurde er aus gesundheitlichen Gründen in den Ruhestand entlassen und starb bald danach. Seine Leiche wurde 1902 exhumiert und in Arlington beigesetzt.

Die Auswirkungen der Schlacht am Little Big Horn nahmen ihren Fortgang. Es folgten der Tod von Sitting Bull, die Schlacht am Wounded Knee Creek und der unaufhaltsame Eroberungszug der Amerikaner zum Pazifik. Aber Little Big Horn war der Höhepunkt der nach Westen gerichteten Expansion. Diese Schlacht besiegelte die »Veränderung der Welt«, von der Häuptling Seattle in seiner berühmten Rede sprach. Aus dem indianischen Amerika wurde Euro-Amerika.

Der Skandal von Wounded Knee

Inzwischen waren bis auf Sitting Bull alle Sioux und Cheyenne in der schrumpfenden Sioux Reservation gefangen. Er war mit seinen Anhängern nach Kanada geflohen, wo er vier Jahre blieb. Doch Kanada wollte ihm keine Reservation geben, und seine Hunkpapa hatten nichts, um sich zu ernähren und zu kleiden. In kleinen Banden, halb verhungert und völlig abgerissen, kamen sie über die Grenze zurück und ergaben sich.

Sitting Bull und seine letzte zweihundertköpfige Schar kapitulierte 1881. Der Häuptling gab seine Winchester seinem acht Jahre alten Sohn Crow Foot, der sie Major D. A. Brotherford aushändigte, und sagte danach, der Junge habe sich ergeben, nicht er. Nachdem er zwei Jahre als Kriegsgefangener im Gefängnis saß, wurde er zur Standing Rock Agency der Sioux Reservation gebracht. Er stritt ständig mit dem bereits erwähnten Indianeragenten McLaughlin, der ihn nicht mochte und ihm mißtraute. Er widersetzte sich anderen Indianerführern, die einen Teil ihres Landes an die Regierung verkaufen wollten. »Holt eine Waage und verkauft eure Erde pfundweise!« wetterte er auf einer Ratsversammlung. Und er machte keinen Hehl daraus, daß er die Weißen haßte. »Ich habe noch keinen Indianer getroffen, der die Weißen nicht gehaßt hat, oder einen Weißen, der die Indianer nicht haßte!« Er war widerspenstig, streitsüchtig und nachtragend. Trotzdem war er der einzige, dessen Stimme und Taten einen Funken Hoffnung in diesem niedergeschlagenen und entmutigten Volk am Leben hielt.

Seltsamerweise waren es die gleichen Weißen, die Custer zum Helden der Nation erhoben hatten, die auch den geheimnisvollen Medizinmann vergötterten, der ihn besiegt hatte. Sitting Bull, der berühmteste Indianer im Land, war eine prominente Persönlichkeit, die jeder sehen und kennenlernen wollte. Der extravagante Buffalo Bill Cody besuchte Sitting Bull 1885 und überredete ihn, mit seiner Wild West Show durch das Land zu ziehen. Buffalo Bill kündete ihn den Zuschauern als den »Mörder von Custer« an. Er muß sehr eindrucksvoll ausgesehen haben in seinem Hemd aus Büffelleder mit Borten aus Stachelschweinstacheln und bunten Perlen, der großen Adlerfederhaube, die bis zu den Mokassins an seinen Füßen herabhing; dazu sein unnachgiebiger Gesichtsausdruck und seine große kräftige Gestalt, aus der die ganze Würde seiner Rasse sprach. Das war der Indianer, wie ihn Amerika sehen wollte. Wo er auftauchte, versammelte sich eine Menschenmenge, und jeder wollte ein Foto von ihm mit Autogramm.

Die Stämme in der Großen Sioux Reservation hatten den Forderungen der Regierung nachgegeben. Sie verkauften rund 4,5 Millionen Hektar Land und teilten die Große Sioux Reservation in fünf kleinere auf. Die Beamten der Indianer-Vermittlungsstelle gaben für jeweils einen Tag Essensrationen aus und verboten Kulthandlungen, die seit Generationen befolgt wurden – auch den heiligen »Sonnentanz«. Epidemien brachen aus, denen in jedem Dorf Menschen zum Opfer fielen. Der Pulsschlag des Lebens in der Reservation wurde ständig schlechter.

Dann traf 1890 eine Nachricht ein, die Hoffnung aufkommen ließ. Kicking Bear berichtete von dem neuen Messias, dem Propheten Wovoka, der bei den Paiute in Nevada lebte.

»An dem Tag, als die Sonne finster wurde«, erzählte Kicking Bear mit bebender Stimme, »hatte er eine Vision von den Geistern aller toten Indianer, die kommen und uns helfen, zu unserer früheren Lebensweise zurückzukehren!«

»Was ist mit den Weißen?« fragte der scharfsinnige Sitting Bull, der selbst ein Medizinmann und Visionär war.

»Dies sagte der Große Geist!« antwortete Kicking Bear. »Ich werde die Erde mit neuem Boden bedecken. Alle Weißen werden darunter begraben sein, und darüber werden die Büffelherden ziehen, damit sich meine roten Kinder freuen und jagen können. Geht und sagt es allen Menschen, damit sie sich auf das Kommen der Geister vorbereiten.«

Wovoka lebte wie sein Vater als Medizinmann im Mason Valley in Nevada. Während einer Sonnenfinsternis im Jahr 1889 lag er krank in seiner kleinen Binsenhütte und fiel in Trance. Ihm war, als reise seine Seele in die Geisterwelt, wo ihm der Große Geist offenbarte, daß die Indianer ihr Erbe zurückgewinnen und lebendig wiederauferstehen würden. Wovoka schrieb sich keine übernatürlichen Kräfte zu. In seiner Vision ging es um spirituelle Erlösung. Die Kunde von seiner Vision verbreitete sich wie ein Lauffeuer in allen Indianer-Territorien und weckte in dem von Kriegen, Krankheit, Gefangenschaft und Hunger dezimierten, niedergeschlagenen und verängstigten Volk neue Hoffnung. Doch mit der Verbreitung veränderte sich der Inhalt der Geschichte. Nicht in der Geisterwelt würde sich Wovokas Prophezeiung bewahrheiten, sondern hier auf der Erde.

Nun gerieten die Sioux unter den Einfluß einer neuen Religion, den Geistertanz. In allen Reservationen wurde getanzt, um die zurückkehrenden Geister willkommen zu heißen. Die Tänze an sich waren nichts Besonderes – die Menschen scharten sich zusammen, sangen rituelle Lieder und tanzten, bis sie erschöpft umfielen –, aber sie steigerten sich bis zur ekstatischen Raserei, so daß die Weißen sie bereitwillig für Kriegstänze hielten, die einen weiteren Aufstand einleiteten.

Sitting Bull bewarb sich bei seinem Indianeragenten um einen Paß, weil er bei einem dieser Geistertänze mitmachen wollte. McLaughlin, mit dem er in einer ständigen Fehde lag, ließ ihn festnehmen mit der Begründung, Sitting Bull beabsichtige, entweder die Geistertänzer anzufeuern oder zu fliehen. Am Morgen des 15. Dezember 1890 umstellten 43 indianische Polizisten unter McLaughlins Befehl die Hütte von Sitting Bull. Über das, was dann geschah, gibt es mehrere Versionen. Anscheinend ging Bull Head, einer von McLaughlings Polizisten, mit dem Haftbefehl auf Sitting Bull zu. Als der große Häuptling dagegen zornig protestierte, schoß ihm Bull Head in den Schenkel und Sergeant Red Tomahawk schoß ihn in den Kopf. In dem Tumult wurden sechs Polizisten und acht Anhänger von Sitting Bull getötet, darunter sein kleiner Sohn Crow Foot.

Der Tod des streitsüchtigen Medizinmanns Sitting Bull und der des friedliebenden Kriegshäuptlings Crazy Horse, jener zwei großen Führer der Sioux in der berühmten Schlacht am Little Big Horn, hat eine interessante Parallele.

Als der Tod des großen Medizinmanns bekannt wurde, verbreiteten sich Angst und Schrecken in seinem Volk. Gruppen verwirrter Sioux irrten auf den verschneiten Ebenen umher; die meisten suchten Schutz in der Pine Ridge Reservation. Eine dieser Gruppen war eine dreihundertfünfzigköpfige Schar unter Häuptling Big Foot, der an Lungenentzündung erkrankt war. Am Nachmittag des 28. Dezembers wurden sie von vier Schwadronen der neuen 7. Kavallerie unter dem Kommando von Major Whiteside umzingelt und zu dem militärischen Basislager am Wounded Knee Creek eskortiert. Dort trafen weitere Schwadronen des Kavallerieregiments ein, das Colonel James W. Forsyth unterstellt war. Den Gefangenen – einhundertzwanzig Männer und zweihundertdreißig Frauen und Kinder – wurde erlaubt, Zelte aufzustellen.

Am nächsten Morgen befahl Colonel Forsyth, daß sich alle Indianer vor ihren Zelten versammelten und ihre Waffen ablieferten. Der schwerkranke Big Foot wurde aus seinem Zelt geholt und mußte in ihrer Mitte sitzen, während er Blut spuckte. Rings um die Indianer waren an die fünfhundert Reiter postiert, und hinter ihnen, auf einer kleinen Anhöhe, zielten vier Hotchkiss-Geschütze auf das Lager.

Die Indianer legten ihre wenigen Gewehre, Messer und Äxte auf den Boden. Um sicher zu gehen, daß auch alle ihre Gewehre abgegeben hatten, durchsuchten die Soldaten die Zelte und forderten die Männer auf, ihre Decken abzulegen. Ein junger Krieger hob sein Gewehr hoch und protestierte, als man ihm seine Waffe nehmen wollte. Ein Soldat griff danach, und irgendwie löste sich daraus ein Schuß. Dann brach die Hölle los an jenem Morgen – gerade vier Tage nach Weihnachten.

Die nach Rache dürstenden Soldaten der 7. Kavallerie drangen auf die Indianer ein, und die vier Hotchkiss-Geschütze feuerten fünfzig Zwei-Pfund-Granaten pro Minute in das Lager. Die wenigen Indianerkrieger kämpften mit Zeltstangen, Küchengeräten und bloßen Händen. Keiner wurde verschont. Big Foot war von Blei durchsiebt. Die schutzlosen Frauen, die mit der Decke über dem Kopf im Schnee kauerten, wurden erschossen, weinende Kinder mit Bajonetten durchbohrt. Einige Frauen, die sich über die verschneite Ebene geflüchtet hatten, wurden drei Meilen weit verfolgt und getötet.

Am Ende des Massakers war über die Hälfte der dreihundertfünfzig Indianer tot; nur 25 Soldaten waren gefallen.

Trotzdem wurden 23 Soldaten mit der Tapferkeitsmedaille ausgezeichnet. In der Nacht kam es zu einem heftigen Schneesturm. Die toten Indianer wurden liegengelassen und konnten erst am Neujahrstag aus dem Schnee gegraben werden. Das Foto von Big Foots Leiche, steif gefroren in einer grotesken Haltung, ist eines der herzzerreißendsten Bilder jener Zeit.

Das war die tragische Geschichte, die in den amerikanischen Geschichtsbüchern die »Schlacht« von Wounded Knee genannt wird. Der Kampf um die Great Plains, der 1864 mit dem Massaker am Sand Creek begonnen hatte und 1890 mit dem Massaker am Wounded Knee endete, war endgültig vorbei. Der Bogen war gebrochen, der letzte Pfeil verbraucht.

CHIEF JOSEPH

Der fünfzehnjährige Joseph hatte noch nie etwas Ähnliches gesehen, und es sollte sich auch nicht wiederholen – diese großartige Vorstellung, die fünftausend Indianer für einhundert Weiße gaben. Seine Brust schwoll vor Stolz, während er mit seinem jüngeren Bruder Alokut neben seinem Vater saß, Chief Old Joseph.

Das große Tal von Walla Walla schien ein einziges riesiges Lager zu sein mit den Büffelhautzelten der Nez Percé, Cayuse, Yakima und Klikitat. Stundenlang hatten die Krieger ihre Pferde gelb, weiß und rot bemalt und sich mit Federn und Perlen geschmückt. Nun kamen sie in einer geschlossenen Reihe auf Joseph und die weißen Männer zugaloppiert. Die Erde bebte unter den donnernden Hufen. Die Luft zitterte vom Kriegsgeschrei. Die Speere, Schilde, Messer und Gewehre glänzten in der hellen Maisonne. Gerade, als der junge Joseph dachte, er würde überrannt werden, schwenkten die Reiter zur Seite, um ein anderes nicht minder großartiges Manöver auszuführen. Es war wundervoll! Und er war so stolz auf seine Nez Percé, die hier den größten und mächtigsten Stamm darstellten.

Einige Tage später begannen die Verhandlungen zwischen seinem Vater und den Häuptlingen auf der einen und Gouverneur Stevens vom Territorium Washington und seinen einhundert weißen Männern auf der anderen Seite. In dieser Zeit gab es für den jungen Joseph nicht viel zu tun als im Lager herumzuspazieren und die großen Herden der blauen Apaloosa-Pferde mit den schwarzgefleckten Hinterbacken zu bewundern, die der Stolz und die Freude seines Volkes waren.

Als der große Friedensrat vorüber war und sie nach Hause ritten, fragte Joseph seinen Vater, worüber die Männer beratschlagt hatten.

»Wir haben einen Vertrag geschlossen, der eines Tages Walla Walla Treaty von 1855 heißen wird«, sagte Old Joseph mürrisch. »Damit haben wir Nez Percé einiges von unseren Jagdgründen aufgegeben und eine Reservation akzeptiert. Die Regierung verspricht, keine weißen Siedler hineinzulassen, und sie wird uns Schulen, Schmieden und ähnliche Dinge geben. Es gefällt mir nicht. Aber es wird verhindern, daß es Krieg gibt zwischen uns und den Weißen, die jedes Jahr kommen.«

»Müssen wir von zu Hause wegziehen?« fragt der Junge.

»Unser Wallowa Valley aufgeben? Nie!« schnaubte Chief Joseph.

Er durfte sich sicher fühlen. Die Nez Percé waren der mächtigste und größte Stamm im Nordwesten. Sie bewohnten das Land an der großen Biegung des Columbia River in Washington, Oregon und Idaho. Ihren Namen hatten sie von frühen französischen Fallenstellern bekommen, weil sie ihre Nasen durchbohrten, um aus Muscheln hergestellten Schmuck daran zu befestigen. Die Gruppe der Nez Percé, zu der Joseph gehörte, bewohnte im Nordosten von Oregon das riesige Wallowa Valley, das dreimal so groß ist wie Rhode Island. Französische Trapper, Missionare, die amerikanischen Entdecker Lewis und Clark – alle lernten diese Indianer hier als freundliche, friedliebende und tief religiöse Menschen kennen. Auch Old Joseph hatte seinen Namen Tu-eka-kas aufgegeben und einen christlichen Namen angenommen, und er ließ seinen Sohn auf den gleichen Namen taufen.

Trotzdem wurde aus dem jungen Joseph ein echter Nez Percé. Im Jünglingsalter hielt er die vorgeschriebene einsame Nachtwache, und er hatte auch einen Traum, den er jedoch nicht vollständig erzählte, denn so war es Brauch. Er erhielt daraufhin den zeremoniellen Namen Hin-mut-too-van-lat-kekht, »Rollender Donner in den Bergen«. Und so wuchs er im großen Wallowa Valley seiner Vorfahren heran und liebte das Land, denn es war seine Mutter.

Aber die Verhältnisse änderten sich schnell. Amerikanische Siedler strömten über den Oregon Trail in den Nordwesten. Das Territory of Oregon wurde gegründet und von hier aus das Territory of Washington. Mehr und mehr Siedler kamen ins Land, und so hatte Old Joseph 1855 den Vertrag unterzeichnet, um ein eventuelles Blutvergießen zu verhindern.

Als die landhungrigen Siedler weiterhin ins Tal kamen, wandte sich Old Joseph an den Indianeragenten. »Warum sorgst du nicht dafür, daß sie draußen bleiben?«

»Hm!« machte der. »Genauso gut könnte ich versuchen, einen Wirbelsturm aufzuhalten.«

Im Jahr 1863 wurde ein weiterer großer Friedensrat nach Fort Lapwai in Idaho einberufen. Old Joseph wurde wieder von seinen Söhnen sowie von rund zweitausend Nez Percé begleitet. Der junge Joseph war inzwischen 23 Jahre alt, 1,85 m groß und ein gutaussehender, aufgeweckter junger Mann. Während der langen Konferenz lernte er die Tochter von Häuptling Whisk-tasket kennen und verliebte sich in sie. Sie heirateten nach dem vorgeschriebenen Ritual und bekamen zwei Jahre später eine Tochter namens Sarah Moses.

Trotz seiner Verliebtheit entgingen ihm nicht die Gespräche, die sich Tag um Tag hinzogen. »Ihr wißt genau, daß es unmöglich ist, die Landsucher nicht hereinzulassen«, sagten die weißen Indianerkommissare immer wieder. »Deshalb wollen wir die Grenzen eures Landes ändern.« Die Änderung, die sie vorschlugen, verringerte das Nez Percé-Land von zehntausend auf eintausendzweihundert Quadratmeilen und nahm den Indianern das Wallowa Valley.

Old Joseph war entsetzt. »Die Regierung hat den Vertrag von 1855 nicht gehalten und uns schon damals einen Teil unseres Landes gestohlen. Wo sind die jährlichen Zahlungen, die Schulen und alles andere, was sie versprochen hat? Und nun wollt ihr uns von dem Land, das uns geblieben ist, den größten Teil wegnehmen!«

Aber Chief Lawyer und andere ließen sich von den Versprechungen auf hohe Jahresgelder verleiten und unterschrieben den Vertrag.

Zornig und verbittert kehrte Old Joseph ins Wallowa Valley zurück. Er zerriß seine Kopie des Vertrags und sein Neues Testament. Dann errichtete er Grenzpfähle rings um das Tal. »Hier ist die Heimat meines Volkes«, erklärte er. »Die Weißen können das Land draußen nehmen. Innerhalb dieser Grenze sind alle unsere Menschen geboren. Sie umgibt die Gräber unserer Väter, und wir werden diese Gräber niemand anderem überlassen.«

Acht Jahre später, als er auf dem Sterbebett lag, rief er seinen Sohn Joseph zu sich. »Wenn ich nicht mehr bin, denke an dein Land«, sagte er. »Du bist der Häuptling dieses Volkes. Sie schauen auf dich, damit du sie führst. Noch ein paar Jahre, und die Weißen werden überall um euch sein. Sie haben es auf dieses Land abgesehen. Mein Sohn, vergiß nie meine letzten Worte: Verkaufe nie die Knochen deines Vaters und deiner Mutter.«

So wurde der junge Joseph also mit 31 Jahren Häuptling der Wallowa Nez Percé. Seine neue Aufgabe verlangte Feingefühl und Entschlossenheit.

Siedler kamen ins Wallowa-Tal und nahmen sich widerrechtlich Land, aber Joseph hielt seine Leute davon ab, gegen sie zu kämpfen. Den Regierungsbeamten erklärte er jedoch würdevoll und bestimmt, daß nach indianischem Brauch diejenigen Gruppen, die einen Vertrag nicht unterzeichnet haben, nicht daran gebunden sind. Die Weißen dagegen bestanden darauf, daß die Unterschrift von Chief Lawyer alle Gruppen verpflichtete, sich an den Vertrag zu halten.

»Weder Laywer noch ein anderer Häuptling war berechtigt, dieses Land zu verkaufen«, antwortete Joseph. »Es hat immer meinem Volk gehört. Wir haben es von unseren Vätern übernommen, und wir werden dieses Land verteidigen, solange ein Tropfen Indianerblut die Herzen der Menschen wärmt.«

Als Antwort auf dieses entschiedene Auftreten erließ Präsident Grant 1873 eine Verordnung, die Wallowa Valley als Staatsland von der Besiedelung ausnahm. Zwei Jahre später gab es der Präsident wieder für die Siedler frei. Geduldig riet

Joseph zum Frieden und überredete seine Leute, ihre Hütten bei den Siedlerlagern abzubrechen und umzuziehen; denn die Siedler versuchten unablässig, einen Krieg heraufzubeschwören. Dann traf 1877 General Oliver O. Howard aus Fort Lapwai in Idaho mit der Nachricht ein, daß die Nez Percé in eine Reservation bei Lapwai gebracht werden sollten. Joseph, Chief Tuhulkutsut und Smohalla, der religiöse Führer, protestierten.

»Das Land ist unsere Mutter«, sagte Joseph. »Sie sollte nicht durch Hacke und Pflug gestört werden. Wir wollen nur nehmen, was sie uns freiwillig gibt.«

Smohalla sagte: »Ihr verlangt, daß ich den Boden pflüge. Soll ich ein Messer nehmen und die Brust meiner Mutter aufreißen? Dann wird sie mich nicht an ihrer Brust ruhen lassen, wenn ich sterbe.

Ihr verlangt, daß ich nach Steinen grabe. Soll ich unter ihrer Haut nach ihren Knochen graben? Dann kann ich, wenn ich sterbe, nicht in ihren Leib eingehen, um wiedergeboren zu werden.

Ihr verlangt, daß ich Gras mähe und Heu mache und es verkaufe, um reich zu sein wie weiße Männer! Aber wie kann ich es wagen, das Haar meiner Mutter abzuschneiden?«

Und Tuhulkutsut wiederholte: »Die Erde ist ein Teil meines Körpers. Ich gehöre dem Land, aus dem ich kam. Die Erde ist meine Mutter.«

General Howard schlug mit der Faust auf den Tisch. »Zwanzigmal habe ich jetzt gehört, daß die Erde eure Mutter ist. Kommen wir endlich zum Geschäft!«

Das Geschäft war eine einfache Sache. Er gab den Nez Percé dreißig Tage Zeit, um in die Lapwai Reservation umzuziehen, bevor er mit Soldaten anrückte.

Traurig kehrte Joseph nach Hause zurück und befahl seinem Volk, die Zelte abzubauen und sich für die Abreise vorzubereiten. »Ich sagte zu mir, daß ich lieber mein Land und das Grab meines Vaters und alles aufgeben würde als zuzulassen, daß das Blut der Weißen an den Händen meines Volkes klebt.«

Im Frühsommer verließen rund fünfhundert Nez Percé mit ihren zweitausend Pferden, ihren Zelten und ihrer Habe die angestammte Heimat. Elf Tage vor Ablauf der ihnen gestellten Frist, erreichten die Gruppen unter den Häuptlingen Joseph, Looking Glass, White Bird und Tuhulkutsut den Rocky Canyon. Hier überfielen drei junge Krieger, die wütend und krank vor Heim-weh waren, eine Siedlung und töteten achtzehn Weiße. General Howard schickte sofort Truppen in das Gebiet, und der Krieg, den Joseph so lang zu vermeiden versucht hatte, begann.

Wenige Tage später kam es zwischen den Indianern und den White Bird Canyon-Truppen zum Kampf. Die Soldaten wurden überlistet und verloren 33 Mann, die Indianer verloren nur vier. Joseph befahl seinen Kriegern: »Rührt die gefallenen Soldaten nicht an. Nehmt keine Skalps!«

Daraufhin schickte General Howard eine rund vierhundert Mann starke Truppe mit Kavallerie, Infanterie und Artillerie an die Front. Chief Joseph zog sich zurück und begann jenen Marsch, der später mit Xenophons Marsch der Zehntausend verglichen wurde und ihm den Namen »Red Napoleon of the West« eintrug.

Anfang Juli kam es am Clearwater River erneut zu einer Schlacht. General Howard, der bei der Planung der Unions-Strategie für Gettysburg mitgewirkt hatte, staunte über Chief Josephs kluge Taktik und hielt ihn für ein militärisches Genie. Doch Joseph war kein Kriegshäuptling. In dieser Hinsicht war er auf White Bird, Looking Glass, Yellow Bull, Tuhulkutsut und seinen Bruder Alokut – er nannte ihn »Der die jungen Männer führte« – angewiesen. Doch er war verantwortlich für die Route, die sie wählten, und für fünfhundert Menschen mit zweitausend Pferden, die ernährt werden mußten, unter denen es Schwache, Alte, Kranke und Verwundete gab. Es war seine Entscheidung als sie nach dieser Schlacht achtzig Tipis, Mehl, Dörrfleisch und Büffelmäntel zurückließen und nach Nordosten, nach Kanada marschierten.

Der Weg führte über den steilen, immer wieder von Geröll und umgestürzten Bäumen versperrten Lolo Trail in die Bitterroot Mountains. Er schickte Boten zu den Crow und bat um die Erlaubnis, ihr Land in Montana mit seinem Volk durchqueren zu dürfen. Auf dem höchsten Punkt des Trails erfuhr er von den Scouts, daß das ganze Land alarmiert war und daß sich die Siedler in Missoula gegen ihn bewaffneten. Daraufhin wandte er sich nach Süden. Im grünen Big Hole Valley ließ er neunzig Zelte aufstellen und gönnte Menschen und Pferden eine Rast.

Dann traf sie ein schwerer Schlag. Ausgeruhte Truppen unter Colonel John Gibbon schlugen in einem Überraschungsangriff die Krieger in die Flucht und eroberten das Dorf. Joseph hörte, wie Looking Glass über den Lärm hinweg die drei jungen Männer aufrief, die den Krieg durch die Ermordung von Siedlern ausgelöst hatten: »Jetzt könnt ihr beweisen, wie mutig ihr seid! Ich würde lieber euch tot sehen als den Rest von uns, denn ihr habt den Krieg begonnen!«

Alle drei wurden getötet sowie 19 weitere Krieger und siebzig Frauen und Kinder, darunter auch die zwei Frauen von Joseph. Aber sie gewannen in einem verzweifelten Angriff das Dorf zurück. Ruhe hatten sie damit aber noch lange nicht, denn nun rückten General Howards Truppen an. Joseph zog weiter, zurück nach Idaho. Ende August erreichten die erschöpften Flüchtlinge auf dem Weg nach Kanada die Grenze des Yellowstone National Park. General Howard, der ihnen folgte, hatte wie sie mit dem unwegsamen Gelände zu kämpfen. Er ließ seine Proviantwagen zurück und marschierte mit Packpferden weiter.

Joseph befand sich nun in einer äußerst schwierigen Lage. Howards Armee war ihm dicht auf den Fersen. Colonel Samuel D. Sturgis näherte sich mit einer weiteren Kavalleriekolonne, um ihm von Osten her in die Flanke zu fallen. Und die Crow hatten sich mit der weißen Armee verbündet. Es gelang Joseph, Sturgis zu überlisten und zu entkommen; aber bei einem Rückzugsgefecht, das sich über einhundertfünfzig Meilen durch Canyon Creek zog, verlor er 21 Männer und mußte fünfhundert erschöpfte Pferde zurücklassen.

Ende September hatte er mit seiner Gruppe Cow Island im Missouri erreicht. Von einem Dampfer, der eben seine Ladung löschte, konnten sie fünfzig Tonnen Lebensmittel erbeuten und damit ihre knappen Vorräte auffüllen. Dann beeilten sie sich, um die Nordhänge der Bear Paw Mountains zu erreichen. Hier machten sie Rast. Der Anblick der erschöpften Menschen und Pferde brach Joseph beinahe das Herz. In vier Monaten hatte er sie kreuz und quer durch Washington, Oregon, Idaho und Montana geführt. Zweimal hatten sie die kontinentale Wasserscheide überquert. Sie waren durch einen Teil des Yellowstone National Park gezogen, hatten den Missouri überquert und insgesamt eine Reise von über zweitausendsiebenhundert Kilometer zurückgelegt, die Hälfte davon durch das zerklüftete felsige Gebirge. Aber Kanada, wo sich die Gruppe von Sitting Bull aufhielt, war nur noch knapp fünzig Kilometer entfernt. Dort, im Land der Rotröcke, würden sie in Sicherheit sein.

Doch diese kleine Pause, so notwendig sie war, erwies sich als verhängnisvoll. General Howard schickte auf dem Yellowstone River ein Boot zu General Nelson A. Miles in Fort Keogh bei Miles City mit der Order, Chief Joseph abzufangen, bevor er Kanada erreichte. Am 30. September gelang Miles von Südosten kommend mit 375 Mann Kavallerie ein Überraschungsangriff auf Josephs Lager. Niemand hätte sich gewundert, wenn die erschöpften Nez Percé angesichts der gut ausgeruhten berittenen Blauröcke mit ihren blitzenden Säbeln und krachenden Gewehren der Mut verlassen hätte. Aber nun lernten die Soldaten die wilde Grausamkeit eines heimatlosen Volkes kennen, das um sein Leben kämpfte. Während ein Kavalleriepferd nach dem anderen mit leerem Sattel umherirrte, gingen die Nez Percé, die großartige Reiter und Krieger waren, zum Gegenangriff über und stürzten sich in die gelichteten Reihen des Gegners. Als sich die Kavallerie gegen Ende des Tages zurückzog, hatte sie schwere Verluste erlitten. Von den 115 Mann eines Bataillons waren 53 gefallen; ein anderes Bataillon war auf die Hälfte reduziert.

Chief Josephs Lage war trostlos. Sein Pferd war ihm weggeschossen worden, seine Kleider waren von Kugeln durchlöchert. Sein Bruder Alokut, Looking Glass, Tuhulkutsut und Pile of Clouds waren tot. Wieviele andere Krieger und Frauen umgekommen waren, wußte er nicht, und er konnte es auch nicht mehr feststellen, denn nun begann es zu schneien. Im Lauf der Nacht wurde der Wind immer heftiger, und ein Schneesturm machte das Elend dieser völlig schutzlosen Menschen noch schrecklicher.

In seiner Verzweiflung schickte er sechs Männer mit der Bitte um Hilfe zu Sitting Bull nach Kanada. Aber es kam keine Antwort. Später erfuhr er, daß die Boten um ihrer Gewehre willen von Assiniboin ermordet wurden, und daß sich der gerissene Sitting Bull, als er von der Schlacht hörte, sofort vierzig Meilen nach Norden zurückgezogen hatte. Noch schlechter wurde die Lage, als White Bird mit 104 seiner Leute die Postenkette der Soldaten durchbrach und flüchtete, um sich Sitting Bull anzuschließen. Unter ihnen befand sich auch Josephs Tochter Sarah, die ihr erst fünf Monate altes Baby bei ihm zurückließ.

»Wir hätten aus den Bear Paw Mountains entkommen können«, sagte Joseph später, »wenn wir unsere Verwundeten, alten Frauen und Kinder zurückgelassen hätten. Aber das wollten wir nicht. Wir haben nie gehört, daß ein verwundeter Indianer in den Händen der Weißen gesund wurde.«

Die geschrumpfte Schar wehrte sich noch einige Tage. Sie kämpften, saßen frierend in Erdlöchern und aßen das Fleisch der toten Pferde. Inzwischen befand sich Miles vor ihnen, Howard hinter ihnen, und Sturgis rückte mit seinen Truppen an. Es gab kein Entrinnen. Schweren Herzens erklärte sich Joseph bereit, mit General Miles über die Kapitulationsbedingungen zu sprechen.

Viel zu besprechen gab es dabei nicht. General Miles versprach, das Leben von Josephs Leuten zu schonen und sie in ihre Reservation zu schicken.

Am Nachmittag des 5. Oktober ritt Joseph, begleitet von fünf Männern, die zu Fuß gingen, zu dem Hügel, auf dem er von General Miles und dessen Offizieren erwartet wurde. Der rötliche Schein der tiefstehenden Sonne fiel auf seine ledernen Leggings, die von Kugeln durchlöcherte Decke und seinen gebeugten Kopf mit der Skalplocke, die mit einem Otterfell zusammengebunden war. Er stieg vom Pferd, übergab die Zügel seinen Gefährten und ging allein auf den General zu. Er schlug seine Decke zurück und reichte General Miles sein Gewehr. Dann wies er mit dem rechten Arm auf die rote Sonne und hielt seine unvergeßliche Rede. Als er geendet hatte, zog er sich zum Zeichen seiner Erniedrigung die Decke über den Kopf und ging zum Armeezelt, das man für ihn vorbereitet hatte.

Rede von Chief Joseph bei seiner Kapitulation
Aufgezeichnet von Leutnant C. E. S. Wood,
Adjutant von General Howard.

Sagt General Howard, ich kenne sein Herz. Was er mir früher gesagt hat, habe ich in meinem Herzen. Ich bin es leid zu kämpfen. Unsere Häuptlinge sind ums Leben gekommen. Looking Glass ist tot. Tuhulkutsut ist tot. Die alten Männer sind alle tot. *Der die jungen Männer führte* ist tot. Die kleinen Kinder erfrieren. Einige aus meinem Volk sind in die Berge geflohen und haben keine Decken und nichts zu essen. Niemand weiß, wo sie sind; vielleicht erfrieren sie. Ich will Zeit haben, um meine Kinder zu suchen und sehen, wieviele ich finden kann. Vielleicht werde ich sie unter den Toten finden.

Hört mich an, meine Häuptlinge! Ich bin müde. Mein Herz ist krank und traurig. Von dort, wo die Sonne jetzt steht, werde ich nie wieder kämpfen.

Hinter Joseph versammelte sich nach und nach sein besiegtes Volk auf der verschneiten Ebene – 87 Krieger, vierzig von ihnen verwundet; 184 Frauen und 147 Kinder, krank, frie-

rend und halb verhungert; und eintausendeinhundert ab-
gemagerte Pferde.

Während ihres zweitausendsiebenhundert Kilometer langen Marschs durch feindliches Land hatten sie mit dreihundertfünfzig Kriegern zweitausend Armeesoldaten immer
wieder ausmanövriert. Sie hatten ihnen elf Gefechte geliefert,
bei denen 266 Soldaten gefallen waren.

General William Tecumseh Sherman sagte:

Die Indianer legten durchweg einen Mut und eine Geschick-
lichkeit an denTag, die allgemeines Lob hervorriefen. Sie skal-
pierten ihre Opfer nicht, ließen gefangene Frauen gehen,
begingen nicht wie üblich wahllose Morde an friedlichen
Familien und kämpften mit beinahe fachlichem Können.

General Miles schrieb an den Kriegsminister:

Nachdem diese Menschen bisher loyal gegenüber der Regierung waren und Freunde der Weißen, seit ihr Land zum ersten
Mal erkundet wurde, und bei ihrem geschickten Feldzug Hunderte von Leben sowie Hab und Gut, das sie hätten zerstören
können, im Wert von Tausenden von Dollar schonten, und da
ihnen nach meiner persönlichen Meinung in den vergangenen
Jahren grobes Unrecht zugefügt wurde… empfehle ich, daß um-
fassende Vorkehrungen für ihre Zivilisierung getroffen werden.

Trotzdem weigerte sich der Kriegsminister auf Anraten von
General Sherman, das Versprechen einzulösen, das Miles
Chief Joseph gegeben hatte. Die Gefangenen der Nez Percé
wurden nach Fort Leavenworth in Kansas geschickt, in die
malariaverseuchten Niederungen am Missouri, wo viele von
ihnen starben. Die überlebenden 268 Nez Percé brachte
man 1885 ins Indianerterritorium, wo ebenfalls viele von
ihnen starben. Die übrig geblieben waren, schickte man
schließlich wieder in den Nordwesten – einen Teil in die
Lapwai Reservation in Idaho, den anderen mit Chief Joseph
in die Colville Reservation bei Nespelem im Staat Washington. Hier starb Joseph im Jahr 1904, nach Aussage eines Arz-
tes an gebrochenem Herzen, so sehr sehnte er sich nach dem
Land und den Gräbern seiner Väter.

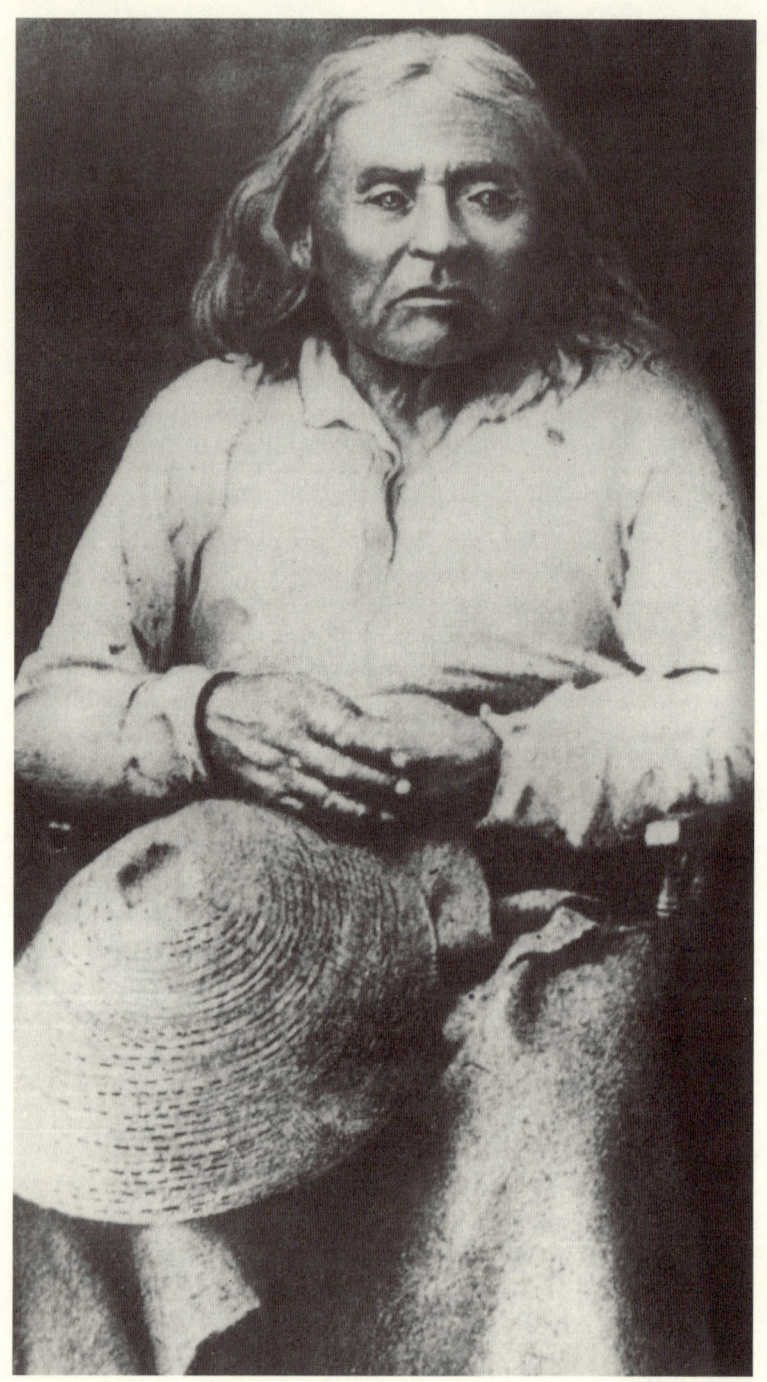

CHIEF SEATTLE

Die Stadt Seattle im Staat Washington wurde nach Chief Seattle vom Stamm der Duwamish benannt. Er war dem weißen Mann freundlich gesinnt. Aber die vielen Siedler, die sich 1849 nach dem Goldrausch in Kalifornien niederlassen wollten, forderten das Land seines Stammes. Als er 1854 den Port Elliot-Vertrag unterzeichnete, in dem sich die Duwamish bereit erklärten, ihr Land im Gebiet des Puget Sound aufzugeben und in die Reservation zu gehen, hielt er vor Isaac Stephens, dem Gouverneur des Territory of Washington, seine berühmte Rede.

Er sprach in einer Salisch-Sprache. Die einzige bekannte Übersetzung stammt nach den Erkenntnissen des Historikers David Buerge von einem Dr. Henry Smith, der sie 1887 veröffentlichte. Es gibt andere Versionen, von denen einige offensichtlich gefälscht sind. Die hier ins Deutsche übertragene Smith-Übersetzung gilt als die wortgetreueste Wiedergabe der Rede, die Chief Seattle damals gehalten hat.

Seattle war ein großer Redner und geschickter Diplomat. Er wurde 1786 geboren und starb 1866 im Alter von achtzig Jahren – ein Jahr, nachdem die Stadt, die nach ihm benannt wurde, ein Gesetz erließ, das es Indianern verbot, in Seattle zu wohnen.

Rede von Chief Seattle
nach der Übersetzung von Dr. Henry Smith

Der Himmel dort oben, der seit unzähligen Jahrhunderten Tränen des Mitleids auf unsere Väter geweint hat und der uns beständig und ewig erscheint, kann sich verändern. Heute ist er klar, morgen vielleicht von Wolken bedeckt.

Meine Worte sind wie die Sterne, die sich nicht verändern. Was immer Seattle sagt, der große Häuptling in Washington kann sich darauf verlassen wie auf die Wiederkehr der Sonne oder der Jahreszeiten.

Der weiße Häuptling sagt, daß der Große Häuptling in Washington Grüße schickt in Freundschaft und guter Absicht. Das ist nett von ihm, denn wir wissen, daß er umgekehrt Freundschaft kaum nötig hat. Sein Volk ist zahlreich wie das Gras, das die weiten Prärien bedeckt. Mein Volk besteht aus wenigen und gleicht den vereinzelten Bäumen auf einer sturmgepeitschten Ebene…

Euer Gott ist nicht unser Gott… Wir sind zwei verschiedene Rassen mit eigenen Ursprüngen und eigenem Schicksal. Es gibt wenig Gemeinsamkeiten zwischen uns. Uns ist die Asche unserer Vorfahren heilig, und ihre Ruhestätte ist heilige Erde. Ihr geht weit fort von den Gräbern eurer Vorfahren und scheinbar ohne Bedauern. Eure Religion wurde von dem eisernen Finger eures Gottes auf Steintafeln geschrieben, damit ihr sie nicht vergessen könnt. Der rote Mann konnte sie nie verstehen und auch nicht im Gedächtnis behalten. Unsere Religion sind die Überlieferungen unserer Vorfahren – die Träume, die unsere alten Männer in den feierlichen Stunden der Nacht von dem Großen Geist erhalten haben, und die Visionen unserer Sachems; und sie ist geschrieben in den Herzen unseres Volkes.

Eure Toten hören auf, euch und das Land ihrer Herkunft zu lieben, sobald sie durch das Tor des Todes gehen und sich in der Weite jenseits der Sterne verlieren. Unsere Toten vergessen nie die schöne Welt, die ihnen das Leben schenkte…

Tag und Nacht können nicht beisammen wohnen. Der Rote Mann ist immer vor dem herannahenden Weißen Mann geflohen wie der Morgennebel vor der Morgensonne flieht. Euer Vorschlag aber erscheint recht und billig, und ich denke, daß ihn mein Volk annehmen und sich in die Reservation zurückziehen wird, die ihr uns anbietet. Dann werden wir jeder für sich in Frieden leben.

Es spielt kaum eine Rolle, wo wir den Rest unserer Tage verbringen. Es werden nicht viele sein. Noch einige Monde, ein paar Winter – und keiner der Nachkommen der großen Scharen, die einst unter dem Schutz des Großen Geistes über dieses weite Land gezogen sind oder in einem glücklichen Zuhause gelebt haben, wird noch übrig sein, um über den Tod eines Volkes zu trauern, das einmal mächtiger und hoffnungsvoller war als das eure. Aber warum sollte ich traurig sein über den vorzeitigen Untergang meines Volkes? Stämme und Völker kommen und gehen wie die Wellen des Meeres. Es ist die natürliche Ordnung, und darüber zu klagen ist sinnlos. Die Zeit eures Untergangs ist vielleicht fern, aber sie wird kommen; denn selbst der Weiße Mann, dessen Gott auf der Erde gegangen ist und mit ihm gesprochen hat wie ein Freund zu seinem Freund, kann nicht vom allgemeinen Schicksal ausgenommen sein...

Für mein Volk ist jedes Stück dieses Bodens heilig. Jeder Berg, jedes Tal, jede Ebene und jedes Wäldchen ist heilig geworden durch ein trauriges oder glückliches Ereignis in vergangener Zeit. Sogar die Steine, die stumm und leblos erscheinen, wenn sie an der stillen Küste in der Sonne schwitzen, erinnern uns an bewegende Ereignisse, die mit unserem Volk verbunden sind. Der Boden, auf dem ihr jetzt steht, nimmt unsere Schritte liebevoller auf als eure, weil er satt ist vom Blut unserer Ahnen, und unsere bloßen Füße spüren die wohlwollende Berührung. Sogar die kleinen Kinder, die hier nur kurze Zeit gelebt haben, werden diese düstere Einsamkeit lieben und zur Abendzeit die schattenhaft wiederkehrenden Geister begrüßen.

Wenn der letzte Rote Mann gestorben und die Erinnerung an meinen Stamm bei den Weißen Männern ein Mythos geworden ist, wird es an diesen Ufern wimmeln von unsichtbaren Toten meines Stamms. Und wenn die Kinder eurer Kinder sich allein glauben auf dem Feld, in der Scheune, der Werkstatt, auf der Straße oder in der Stille der weglosen Wälder, werden sie nicht allein sein.

Nachts, wenn die Straßen eurer Städte und Dörfer still sind und ihr sie für verlassen haltet, werden sich die wiederkehrenden Scharen darin drängen, die dieses schöne Land einst füllten und noch immer lieben. Der Weiße Mann wird nie allein sein.

Möge er gerecht und freundlich zu meinem Volk sein, denn die Toten sind nicht machtlos. Habe ich Tote gesagt? Es gibt keinen Tod, nur ein Hinübergehen in eine andere Welt.

Literaturverzeichnis

Armstrong, Virginia I., Hrg., *I Have Spoken: American History through the Voice of the Indians*, Swallow Press, Chicago 1971.

Ball, Eve, *In the Days of Victorio: Recollections of a Warm Spring Apache*, University of Arizona Press, Tucson 1970.

Brandon, William, *The American Heritage Book of Indians*, Hrg. Alvin M. Josephy, Jr., American Heritage Publishing Co., New York 1961.

Brown, Dee, *Begrabt mein Herz an der Biegung des Flusses*, Hoffmann u. Campe, Hamburg.

Bryan, William Jennings, Hrg., *The World's Famous Orations*, Funk and Wagnalls, New York 1906, Bd. 8.

Capps, Benjamin, *The Great Chiefs*, Time Life Books, Alexandria, Va. 1975.

Collier, John, *The Indians of America*, Norton and Co., New York 1947.

Comfort, Will L., *Apache*, E. P. Dutton, New York 1931.

Connell, Evan S., *Son of the Morning Star: Custer and the Little Bighorn*, North Point Press, Berkeley, Calif. 1984.

Crosby, Alexander L., Hrg. *Steamboat Up the Colorado*, Little, Brown and Co., Boston 1965.

Driver, Harold E., *Indians of North America*, University of Chicago Press, Chicago 1969.

Edmunds, R. David, Hrg., *American Indian Leaders: Studies in Diversity*, University of Nebraska Press, Lincoln 1980.

Foreman, Grant, *Indian Removal*, University of Oklahoma Press, Norman 1932 und *Sequoyah*, University of Oklahoma Press, Norman 1959.

Grinnell, George Bird, *The Cheyenne Indians: Their History and Ways of Life*, 2 Bde., Yale University Press, New Haven, Conn. 1923 und *The Fighting Cheyennes*, University of Oklahoma Press, Norman 1956.

Hewitt, J. N. B., *A Constitutional League of Peace in the Stone Age*, Smithsonian Institution, Washington, D.C. 1918.

Hoebel, E. Adamson, *The Cheyennes*, Holt, Rinehart und Winston of Canada, Toronto 1960.

Howard, Helen Addison, und Daniel L. McGrath, *War Chief Joseph*, University of Nebraska Press, Lincoln 1941.

Jackson, Donald, Hrg., *Black Hawk: An Autobiography*, University of Illinois Press, Urbana 1964.

Johnston, Charles H. L., *Famous Indian Chiefs*, C. L. Page and Co., Boston 1938.

Jones, Louis Thomas, Ph.D., *Aboriginal American Oratory*, Southwest Museum, Los Angeles 1965.

Josephy, Alvin M., Jr., Hrg., *The Nez Percé Indians and the Opening of the Northwest*, Yale University Press, New Haven, Conn. 1965.

Kelsay, Isabel Thompson, *Joseph Brant, 1743-1807: Man of Two Worlds*, Syracuse University Press, Syracuse, N.Y. 1894.

La Farge, Oliver, *A Pictorial History of the American Indian*, Crown Publishers, New York 1956.

Lavender, David, *Bent's Fort*, Doubleday and Co., New York 1954.

Lyons, Oren R., und John Ca. Mohawk, Hrg., *Exiled in the Land of the Free: Democracy, Indian Nations, and the U. S. Constitution*, Clear Light Publishers, Santa Fe, N.M. 1992.

McNichols, Charles L., *Crazy Weather*, Macmillan Publishing Co., New York 1943.

McReynolds, Edwin C., *The Seminoles*, University of Oklahoma Press, Norman 1957.

Morgan, Lewis Henry, *League of the Ho-De-No-Sav-Nee or Iroquois*, Dodd, Mead and Co., New York 1904.

Nelson, Bruce, *Land of the Dakotas*, University of Nebraska Press, Lincoln 1946.

Parkman, Francis, *The Conspiracy of Pontia*, 2 Bd., Harper and Row, San Francisco 1981, und *Sweet Medicine: The Continuing Role of the Sacred Arrows, the Sun Dance, and the Buffalo Hat in Northern Cheyenne History*, 2 Bd., University of Oklahoma Press, Norman, 1969.

Sandoz, Mari, *Crazy Horse*, University of Nebraska Press, Lincoln 1961.

Seymour, Flora W., *The Story of the Red Man*, Tudor Publishing C., New York 1934.

Starkey, Marion L., *The Cherokee Nation*, Alfred A. Knopf, New York 1946.

Underhill, Ruth, *Here Come the Navaho*, U. S. Department of the Interior, Bureau of Indian Affairs, Washington, D. C. 1953.

Uthley, Robert M., *The Last Days of the Sioux Nation*, Yale University Press, New Haven, Conn. 1963.

Washburn, Wilcomb E., Hrg., *The Indian and the White Man*, Doubleday and Co., New York 1964.

Wellman, Paul I., *Glory, God, and Gold*, Doubleday and Co., New York 1954.

Willison, George P., *Saints and Strangers*, Reynal and Hitchcock, New York 1945.

Offizielle Dokumente und dokumentarische Berichte

Bureau of American Ethnology. Verschiedene Berichte. U.S. Government Printing Office, Washington, D.C.

Devereux, George, »Mohave Chiefdomship in Action: A Narrative of the Contacts of the Mohave Indians with the United States«. *Plateau* 23, Nr. 3 (1951): 33-43.

Hodge, Frederick Webb, Hrg., *Handbook of American Indians*, 2 Bde., Smithsonian Institution, Washington D. C. 1906.

Rose, L.R., Jr., *L. J. Rose of Sunny Slope, 1827-1899*, Huntingdon Library, San Marino, Calif. 1959.

U. S.-Kongreß. Repräsentantenhaus. *Wagon Road from Fort Defiance to the Colorado River*. Bericht von E. F. Beale an John B. Floyd, U.S.-Kriegsminister, 26. April 1858. *House Executive Document 124*, 35. Kongr., 1. Sitzung, 1858.

U. S.-Kongreß. Senat. *Report of Explorations for a Railway Route, Near the 35th Parallel of North Latitude, from the Mississippi River to the Pacific Ocean*. Bericht von Leutnant A. W. Whipple, assistiert von Leutnant Joseph C. Ives, U. S. Army Corps of Topographical Engineers. *Senate Executive Document 78*, 33. Kongr., 2. Sitzung, 1855.

U. S.-Kongreß. Senat. *Report Upon the Colorado River of the West*. Bericht von Joseph C. Ives. *Senate Executive Document*, 36. Kongr., 1. Sitzung, 1861.

Woodward, Arthur. »Irataba – ›Chief of the Mohave‹«. *Plateau* 25, Nr. 3 (1953): 53-68.

Bildnachweis

Prayer to the Mystery von Edward Curtis (Frontispiz): aus *The North American Indian*, Bd. 3, Nr. 91, 1908, mit Genehmigung des Museum of Indian Arts and Culture/Laboratory of Anthropology, Santa Fe, N.M.

The Great Tree of Peace (Seite 18): Lithographie des Gemäldes von Oren Lyons, mit Genehmigung der Ondondaga Savings Bank, Syracuse, N.Y.

Powhatan, oder Wah–un–so–na–cook (Seite 26): Nach einer Originalzeichnung eines unbekannten Künstlers; Illustration aus Norman B. Wood, *Lives of Famous Indian Chiefs*, American Indian Historical Publishing Co., 1906 Aurora, Ill.

Massasoit and the Pilgrim Fathers (Seite 36): Flachrelief auf dem Nationaldenkmal in Plymouth, Massachusetts, mit Genehmigung der FPG Internationel Corp., New York, N.Y.

Pontiac (Seite 46): Nach einem Originalgemälde eines unbekannten Künstlers; Illustration aus Norman B. Wood, *Lives of Famous Indian Chiefs*, American Indian Historical Publishing Co., 1906, Aurora, Ill.

Thayendanegea oder Joseph Brant (Seite 56): Nach einem Portrait von George Catlin nach Ezra Ames, 1906; Illustration aus William L. Stone, *Life of Joseph Brant (Thayendanegea)*, J. Munsell, Albany, N.Y., 1865, Bd. 2.

Red Jack.i (Seite 64): Lithographie nach einem Gemälde von C. B. King aus Norman B. Wood, *Lives of Famous Indian Chiefs*, American Indian Historical Publishing Co., 1906, Aurora, Ill.

Tecumseh (Seite 70): Gemälde eines unbekannten Künstlers, mit Genehmigung des Field Museum of Natural History, Chicago, Ill. (Neg.-Nr. A93851.1).

Black Hawk (Seite 80): Nach George Catlin in David Bogue, *Letters and Notes on the Manners, Customs, and Conditions of the North American Indian*, London, 1844, 4. Ausgb., Bd. 2, mit Genehmigung der Smithsonian Insitution, Washington, D.C. (Neg.-Nr. 658-c).

Sequoyah (Seite 92): Gemälde von Robert Lindneux, mit Genehmigung des Woolaro Museum, Bartlesville, Okla. (Neg.-Nr. Gra-174).

Osceola (Seite 104): Ausschnitt aus einer Lithographie; Künstler unbekannt, mit Genehmigung des Bettman Archive, New York, N.Y.

Mangas Coloradas (Seite 116): Zeichnung von Clarence Batchelor, mit Genehmigung des Museum of New Mexico, Santa Fe, N.M. (Neg.-Nr. 14220).

Manuelito (Seite 128): Photographie von Charles M. Bell, 1874, mit Genehmigung des Museum of New Mexico, Santa Fe, N.M. (Neg.-Nr. 15959).

Irataba (Seite 142): Ausschnitt aus einer Lithographie von Baldwin Mollhauser, mit Genehmigung des San Diego Museum of Man, San Diego, Calif.

Sitting Bull (Seite 154): Photographie von David F. Barry, mit Genehmigung des Denver Public Library Western History Department, Denver, Colo. (Neg.-Nr. 10309).

Chief Joseph (Seite 190): Photographie von Edward H. Latham, ca. 1903, mit Genehmigung der Special Collections Divison, University of Washington Libraries, Seattle, Wash. (Neg.-Nr. NA 606).

Chief Seattle (Seite 202): Ausschnitt aus einer Photographie. Photograph unbekannt. Mit Genehmigung der Washington State Historical Society, Tacoma, Wash.

Indianer-Literatur
im Eugen Diederichs Verlag

Frank Waters
Das Buch der Hopi
nach den Berichten der Stammesältesten
aufgezeichnet von Kacha Hónaw (Weißer Bär)
376 Seiten mit s/w-Abbildungen,
gebunden mit Schutzumschlag

Die Hopi kennen kein Paradies und keine Erbsünde, Krieg
und Gewalt lehnen sie ab. Besitzansprüche auf Land
und Wasser können sie nicht begreifen. Die Mythen und
Legenden, die Mysterienspiele und die Geschichte
dieses legendären Indianerstammes sind hier von einem
intimen Kenner der Hopi aufgezeichnet.

»Nur jemand, der so tief in die Hopi-Mythen eingedrungen
ist wie die Hopi selbst, konnte dieses Buch schreiben.«
ＡMERICAN ＡNTHROPOLOGIST

Eugen Diederichs Verlag

Joseph Medicine Crow
Mein Volk, die Krähen-Indianer
Die Stammesgeschichte der Absarokee
152 Seiten mit 11 s/w-Abbildungen,
4 Strichzeichnungen mit 1 Karte, Leinen

Authentische Geschichten, wie sie die Alten erzählten,
aus dem Leben der Crow-Indianer, bevor die Weißen
kamen. Der Verfasser, Abkömmling einer berühmten Linie
von Krähen-Häuptlingen, hat diese Geschichten noch
selbst von seinen Großeltern gehört und aufgezeichnet.

Dieses Buch ist eine der interessantesten, der besten Ver-
öffentlichungen zur Geschichte der Indianer von einem
Indianer, mit Ruhe, Selbstbewußtsein und überzeugender
Schlichtheit erzählt.

MAGAZIN FÜR AMERIKANISTIK

Renate Schukies
Hüter der heiligen Pfeile
Red Hat erzählt die Geschichte der Cheyenne
192 Seiten, s/w-Abbildungen, Leinen

In dieser authentischen Selbstdarstellung des Volkes der
Cheyenne, spricht Pfeilhüter Red Hat erstmalig über
sich und sein Volk. Der Bericht liest sich als Zustandsbe-
schreibung der Kultur der Cheyenne aus ihrer eigenen
Sicht und stellt ein wichtiges Dokument über das Leben
der Indianer in der Post-Reservationszeit dar.

Eugen Diederichs Verlag